Ni Dieu ni maître !

Ni Dieu ni maître !

De Diderot à Nietzsche,
une anthologie présentée par Christophe Verselle

Librio

Inédit

Sommaire

Introduction

Dans notre horizon intellectuel, la pensée anarchiste ou l'idéal libertaire sont généralement relégués au second plan, caricaturés, voire tout bonnement ignorés. Ils suscitent principalement deux attitudes réductrices et appauvrissantes qui nous empêchent d'y entrer sereinement, parce qu'ils ne jouissent pas du même crédit que celui dont la tradition nimbe les figures plus consensuelles. Une première réaction consiste souvent à n'y déceler qu'une forme naïve de révolte témoignant d'un refus de l'ordre établi, qui séduit essentiellement les esprits jeunes et qu'il faut dépasser à l'âge adulte. Dans cette perspective, comme le déclarait George Bernard Shaw : « Ne pas être anarchiste à seize ans, c'est manquer de cœur, l'être encore à quarante, c'est manquer de jugement. »

L'autre attitude courante revient à les percevoir comme une menace qu'il faut absolument conjurer parce qu'elle met en péril les valeurs sociales sans lesquelles l'homme ne ferait que s'exposer à sa propre violence et propension à la démesure. Au revers de ces deux approches qui produisent le même effet décrédibilisant, il convient au contraire de réserver à cette conception de l'homme, du monde et des rapports sociaux un droit à l'expression sans immédiatement la suspecter de candeur ou de nihilisme gratuitement destructeur. Pour cela, il est nécessaire de commencer par poser quelques repères conceptuels.

Dans la *Politique*, Aristote écrit que celui qui n'appartient pas à une cité ou qui ne ressent pas le besoin d'y appartenir est soit une bête, soit un dieu. Pour le philosophe, la condition de citoyen est la seule qui permette le plein accomplissement de notre essence et l'excellence de l'homme. Par ailleurs, l'État répond selon lui à une nécessité naturelle et il est éminemment supérieur aux individus.

L'anarchie entre directement en contradiction avec cette conception classique de la politique. Elle est l'affirmation de la liberté dans sa forme ultime, forme que l'individu ne saurait atteindre que dans un monde déserté par l'État, comme tout autre système administratif centralisé qu'il faut s'efforcer de détruire par tous les moyens.

Étymologiquement, « anarchie » vient du grec *anarkhia* qui signifie absence de principe, le terme désigne donc, dans son sens politique, l'absence de gouvernement, le refus de toute forme d'autorité et de coercition administrative constituant une aliénation collective. Il existe une nébuleuse de courants anarchistes différents et il est par conséquent difficile de donner une définition qui puisse les embrasser tous à la fois. On peut cependant relever un certain nombre d'éléments communs aux multiples tendances.

D'abord, une conception de la liberté envisagée comme l'absence de contraintes extérieures et la capacité à exercer un empire sur soi, dans une singularité souveraine. Il ne s'agit donc pas de ruiner toute idée de limite, mais si limite il y a, c'est à l'individu seul de se la poser, sans prétendre en avoir le droit pour autrui. Ensuite, l'affirmation d'une égalité absolue entre tous les hommes, laquelle rend illégitime toute prétention à introduire une quelconque forme de hiérarchie dans leurs rapports. Cela disqualifie ainsi *a priori* toutes les structures de domination classiques que l'on retrouve différemment exprimée dans l'Histoire : le chef et ses subordonnés, le maître et ses esclaves, le patron et ses ouvriers, le prêtre et ses ouailles, l'homme et la femme, etc. Enfin, tous les anarchistes sont révolutionnaires en ce sens qu'ils se donnent pour finalité de détruire les gouvernements. Sans la révolution, en effet, l'anarchie ne peut s'établir et passer des idées aux actes puisqu'elle est contredite par l'existence même de l'État.

Le présent recueil de textes est une anthologie dans laquelle le lecteur pourra puiser, au gré de ses pérégrinations, quelques idées fortes illustrant cette conception trop souvent réduite à son expression la plus simpliste, parfois officiellement interdite et réprimée, mais toujours salutairement irrévérencieuse et provocatrice.

« Ni Dieu ni maître ». Nous avons choisi cette formule pour titre parce que la double négation qu'elle revendique est illustrée par chacun des documents proposés, soit conjointement, soit plus précisément pour l'un des deux termes seulement. On la doit à Louis Auguste Blanqui [1], révolutionnaire socialiste qui en fit le titre de son journal fondé en 1871. Elle sert depuis lors de slogan pour les anarchistes du monde entier. Résonnant d'abord comme un refus, il faut pourtant y voir avant tout une affirmation : celle de l'Homme qui ne veut dépendre que de lui-même, sans subir le poids d'une transcendance céleste ni le joug d'une servitude terrestre, tous deux également préjudiciables à son autonomie.

Qu'on adhère ou non aux principes véhiculés par les différents auteurs qui se livrent ici à des diatribes contre l'État, la nation, Dieu, ses prêtres et ses vicaires, la morale bourgeoise, l'autorité ou la propriété, leur lecture a au moins le mérite de nous réveiller de notre sommeil dogmatique en ébranlant nos certitudes et la bonne conscience dans laquelle une vie confortable a tôt fait de nous assoupir en anesthésiant notre sens critique. Certains textes sont clairement subversifs, parfois drôles, violents ou dérangeants, et leur confrontation peut susciter le simple étonnement comme la désapprobation la plus vive. Ils ont toutefois une puissance qu'on ne trouve précisément que dans les écrits qui nous heurtent et non dans ceux qui nous confortent dans nos croyances et nos illusions. Dans le même temps, il serait paradoxal de leur accorder sans jugement une valeur de vérité sous ce seul prétexte. Dès lors, si nous ne voulons ni Dieu ni maître, nous devons nous laisser également le loisir de leur porter un regard distancié. Il est donc souhaitable d'éviter à la fois l'écueil de la complaisance molle, comme celui de la condamnation arbitraire nous dispensant d'une lecture attentive, parce que le

1. Louis Auguste Blanqui (1805-1881). Surnommé « l'Enfermé » pour avoir passé plus de trente-cinq ans de sa vie en prison à cause de son activisme politique virulent.

seul mot d'anarchie nous choquerait. Ainsi, c'est rendre justice aux anarchistes et aux libertaires, tout en appliquant leurs propres principes, que de les prendre au sérieux en pensant avec eux, sans les laisser penser à notre place.

Tous les textes réunis ici ne sont pas écrits par des anarchistes, loin s'en faut. Soit parce que ce serait au prix d'un anachronisme qu'on l'affirmerait, soit parce que ce n'est qu'au détour d'un cheminement philosophique qu'ils présentent une argumentation pouvant nourrir cette forme de pensée, sans pour autant se rallier au drapeau noir. Ainsi, c'est un euphémisme de dire qu'il n'y a pas grand-chose de commun entre Tocqueville et Ravachol par exemple. En revanche, quel que soit le courant intellectuel auquel les différents auteurs appartiennent et le genre littéraire de leur production, on trouvera à chaque fois dans leurs écrits les ressources nécessaires à une véritable agitation intellectuelle, jubilatoire et propice à engager la réflexion dans un temps trop souvent dominé par ce que l'on nomme « la pensée unique ».

Christophe VERSELLE

Diogène de Sinope
(v. 413-v. 327 av. J.-C.)

Contemporain de Platon qu'il côtoya, Diogène de Sinope constitue son double philosophique inversé. De quatorze ans son aîné, vivant dans les rues, méprisant richesses et conventions sociales, professant un enseignement cynique opposé au théoricien du monde des Idées qu'il tourne en dérision, il n'hésite pas à user de toutes les provocations pour affirmer son indépendance et son souci de vivre selon ses propres choix, quitte à susciter le scandale. La mémoire collective a conservé de lui l'image amusante et simpliste du personnage un peu fou logeant dans un tonneau, se masturbant en public et ne reculant devant aucun outrage aux bonnes mœurs. Il faut cependant dépasser cette représentation réductrice et ne pas oublier qu'il y a, derrière les anecdotes, une véritable philosophie qui s'efforce de ne pas dissocier ses idées de ses actes. Le passage qui suit est un extrait de Vies, doctrines et sentences des philosophes illustres, *texte par lequel les idées de Diogène de Sinope, dit « Le chien[1] », nous sont essentiellement parvenues. On y trouve quelques exemples de la conception qu'il se fait de la liberté et des usages sociaux ainsi que de la méthode qu'il emploie pour en faire une démonstration vivante.*

Observant un jour une souris qui courait sans se soucier de trouver un gîte, sans peur de la pénombre, et sans aucun désir de tout ce qui rend la vie agréable, il la prit comme modèle et trouva le remède à son dénuement. Il fit d'abord doubler son manteau, pour sa commodité et pour s'y enve-

1. Il s'agit du surnom que Diogène s'attribuait. La légende prétend qu'il s'en serait expliqué ainsi devant Alexandre le Grand qui lui demanda son nom après s'être présenté lui-même comme un souverain puissant : « Et moi je suis Diogène le chien parce que je caresse ceux qui me donnent, j'aboie contre ceux qui ne me donnent pas, et je mords ceux qui sont méchants. »

lopper la nuit, puis il prit une besace, pour y mettre des vivres, et décida de manger, dormir et parler en n'importe quel lieu. Aussi disait-il, en désignant le portique de Zeus et le Pompéion [1], que les Athéniens les avaient construits spécialement pour lui, afin qu'il pût y vivre. Étant tombé malade, il s'appuyait sur un bâton. Par la suite, il le porta partout, à la ville et sur les routes, ainsi que sa besace. Il avait écrit à un ami de lui indiquer une petite maison ; comme l'ami tardait à lui répondre, il prit pour demeure un tonneau vide qu'il trouva au Métrons [2]. Il le raconte lui-même dans ses lettres. L'été il se roulait dans le sable brûlant, l'hiver il embrassait les statues couvertes de neige, trouvant partout matière à s'endurcir.

Il était étrangement méprisant, appelait l'école d'Euclide « l'école de bile », et considérait l'enseignement de Platon comme du temps perdu. Il appelait les concours en l'honneur de Dionysos « de grands miracles de fous », et traitait les orateurs de « valets du peuple ». Quand il observait les pilotes, les médecins et les philosophes, il pensait que l'homme était le plus intelligent de tous les animaux ; en revanche s'il regardait les interprètes des songes, les devins et leur cour, et tous les gens attirés par les honneurs et la richesse, alors il estimait que l'homme était la plus folle des créatures. Il répétait aussi qu'il fallait aborder la vie avec un esprit sain ou bien se pendre.

Si on lui demandait en quel endroit de la Grèce il avait vu des hommes de bien : « Des hommes, dit-il, je n'en ai vu nulle part, mais j'ai vu des enfants à Lacédémone [3]. » Un jour où il parlait sérieusement et n'était pas écouté, il se mit à chanter comme un oiseau, et aussitôt, une foule se massa autour de lui. Il injuria alors les badauds, en leur disant qu'ils s'empressaient pour écouter des sottises, tandis que pour les choses graves, ils étaient indifférents. Il disait encore que les hommes se battaient pour secouer la poussière et frapper du pied, mais non pour devenir ver-

1. Bâtiment d'Athènes où l'on gardait les objets sacrés utilisés pour des fêtes et des cérémonies.
2. Temple consacré à Cybèle, mère des dieux.
3. Lacédémone est l'autre nom de Sparte.

tueux. Il s'étonnait de voir les grammairiens tant étudier les mœurs d'Ulysse, et négliger les leurs, de voir les musiciens si bien accorder leur lyre, et oublier d'accorder leur âme, de voir les mathématiciens étudier le soleil et la lune, et oublier ce qu'ils ont sous les pieds, de voir les rhéteurs pleins de ferveur pour bien parler, mais jamais pressés de bien agir, de voir les avares désapprouver l'argent, et pourtant lui vouer une passion. Il blâmait ceux qui louent les gens vertueux parce qu'ils méprisent les richesses, et qui dans le même temps jalousent les riches. Il était indigné de voir des hommes faire des sacrifices pour conserver la santé, et en même temps s'empiffrer pendant ces sacrifices. Par contre, il admirait les esclaves de ne pas prendre de mets pour eux quand leurs maîtres étaient si goinfres. Il louait ceux qui devaient se marier et ne se mariaient point, ceux qui devaient aller sur la mer et n'y allaient point, ceux qui devaient gouverner et ne gouvernaient point, ceux qui devaient élever des enfants et n'en élevaient point, ceux qui se préparaient à fréquenter les puissants et ne les fréquentaient point. Il disait qu'il fallait tendre la main à ses amis, sans fermer les doigts.

Ménippe, dans son livre intitulé *La vertu de Diogène*, raconte qu'il fut fait prisonnier et vendu, et qu'on lui demanda ce qu'il savait faire. Il répondit : « Commander », et cria au héraut : « Demande donc qui veut acheter un maître. » On lui défendit de s'asseoir : « Qu'importe, dit-il, on achète bien les poissons couchés sur le ventre ! »

[...]

Un jour, quelqu'un le fit entrer dans une maison richement meublée, et lui dit : « Surtout ne crache pas par terre. » Diogène lui lança son crachat au visage, en lui criant que c'était le seul endroit sale qu'il eût trouvé et où il pût le faire. On attribue parfois le mot à Aristippe. Un jour, il cria : « Holà ! Des hommes ! » On s'attroupa, mais il chassa tout le monde à coups de bâton, en disant : « J'ai demandé des hommes, pas des déchets ! »

[...]

Quelqu'un voulait apprendre la philosophie avec lui. Diogène l'invita à l'accompagner dans les rues en traînant un hareng. L'homme eut honte, jeta le hareng et s'en alla.

Diogène, le rencontrant peu après, lui dit en riant : « Un hareng a rompu notre amitié. »

[...]

Il tenait des raisonnements comme celui-ci : « Tout appartient aux dieux, or les sages sont les amis des dieux et entre amis tout est commun, donc tout appartient aux sages. » Voyant un jour une femme prosternée devant les dieux et qui montrait ainsi son postérieur, il se proposa de la débarrasser de sa superstition. Il s'approcha d'elle et lui dit : « Ne crains-tu pas, ô femme, que le dieu ne soit par hasard derrière toi (car tout est plein de sa présence) et que tu ne lui montres ainsi un spectacle très indécent ? »

[...]

Il affirmait opposer à la fortune son assurance, à la loi sa nature, à la douleur sa raison. Dans le Cranéion [1], à une heure où le soleil brillait, Alexandre le rencontrant lui dit : « Demande-moi ce que tu veux, tu l'auras. » Il lui répondit : « Ôte-toi de mon soleil ! »

DIOGÈNE LAËRCE,
Vies, doctrines et sentences des philosophes illustres
traduction du grec de Robert GÉNAILLE

1. Colline de Corinthe.

ÉTIENNE DE LA BOÉTIE
(1530-1563)

La Boétie a composé son Discours de la servitude volontaire *à l'âge de 18 ans en faisant preuve d'une étonnante maturité intellectuelle pour un si jeune homme. Il y dénonce l'absolutisme mais pose surtout le problème de la « servitude volontaire », formule paradoxale constituant un véritable oxymore politique. Comment tout un peuple peut-il s'abandonner à un souverain qui le domine alors même que la force lui appartient de fait, eu égard à son importance numérique ? L'explication tient en particulier au poids des habitudes et des traditions qui ont fait passer une hiérarchie sociale, contingente et produite par l'Histoire, pour une nécessité naturelle entérinant dès lors les inégalités. Les tyrans se sont ensuite toujours employés à asseoir leur pouvoir en le pérennisant grâce à la ruse et l'habileté. Les divertissements offerts à leurs sujets (voir la célèbre formule de Juvénal à propos de Rome : « Du pain et des jeux »), l'instrumentalisation des superstitions, la cupidité des uns et l'ambition des autres ont ainsi rendu la plupart des hommes amoureux de leurs chaînes et oublieux de leur désir de liberté. Dans cet extrait, La Boétie montre que le pouvoir des despotes ne tient en définitive que grâce à la complicité tacite de ceux qui acceptent de les servir et il exhorte le peuple à retrouver le goût de l'indépendance. Pour cela, il n'en appelle ni à la violence ni à la révolte mais à ce qu'on nommerait aujourd'hui la désobéissance civile : « Je ne vous demande pas de le pousser, de l'ébranler, mais seulement de ne plus le soutenir. »*

Pour acquérir le bien qu'il souhaite, l'homme hardi ne redoute aucun danger, l'homme avisé n'est rebuté par aucune peine. Seuls les lâches et les engourdis ne savent ni endurer le mal ni recouvrer le bien qu'ils se bornent à convoiter. L'énergie d'y prétendre leur est ravie par leur propre lâcheté ; il ne leur reste que le désir naturel de le posséder. Ce désir, cette volonté commune aux sages et aux imprudents, aux courageux et aux couards, leur fait souhaiter toutes les choses dont la possession les rendrait heureux et contents. Il en est une seule que les hommes, je ne sais pourquoi, n'ont pas la force de désirer : c'est la liberté, bien si grand et si doux ! Dès qu'elle est perdue, tous les maux s'ensuivent, et sans elle tous les autres biens, corrompus par la servitude, perdent entièrement leur goût et leur saveur. La liberté, les hommes la dédaignent uniquement, semble-t-il, parce que s'ils la désiraient, ils l'auraient ; comme s'ils refusaient de faire cette précieuse acquisition parce qu'elle est trop aisée.

Pauvres gens misérables, peuples insensés, nations opiniâtres à votre mal et aveugles à votre bien ! Vous vous laissez enlever sous vos yeux le plus beau et le plus clair de votre revenu, vous laissez piller vos champs, voler et dépouiller vos maisons des vieux meubles de vos ancêtres ! Vous vivez de telle sorte que rien n'est plus à vous. Il semble que vous regarderiez désormais comme un grand bonheur qu'on vous laissât seulement la moitié de vos biens, de vos familles, de vos vies. Et tous ces dégâts, ces malheurs, cette ruine, ne vous viennent pas des ennemis, mais certes bien de l'ennemi, de celui-là même que vous avez fait ce qu'il est, de celui pour qui vous allez si courageusement à la guerre, et pour la grandeur duquel vous ne refusez pas de vous offrir vous-mêmes à la mort. Ce maître n'a pourtant que deux yeux, deux mains, un corps, et rien de plus que n'a le dernier des habitants du nombre infini de nos villes. Ce qu'il a de plus, ce sont les moyens que vous lui fournissez pour vous détruire. D'où tire-t-il tous ces yeux qui vous épient, si ce n'est de vous ? Comment a-t-il tant de mains pour vous frapper, s'il ne vous les emprunte ? Les pieds dont il foule vos cités ne sont-ils pas aussi les vôtres ? A-t-il pouvoir sur vous, qui ne soit de vous-mêmes ? Comment oserait-il vous assaillir, s'il n'était d'intelligence avec vous ? Quel mal pourrait-il vous faire, si vous n'étiez les receleurs du larron qui vous pille, les complices du meurtrier qui vous tue et les traîtres de vous-mêmes ? Vous semez vos champs pour qu'il les dévaste, vous meublez et remplissez vos maisons pour fournir ses pilleries, vous élevez vos filles afin qu'il puisse assouvir sa luxure, vous nourrissez vos enfants pour qu'il en fasse des soldats dans le meilleur des cas, pour qu'il les mène à la guerre, à la boucherie, qu'il les rende ministres de ses convoitises et exécuteurs de ses vengeances. Vous vous usez à la peine afin qu'il puisse se mignarder dans ses délices et se vautrer dans ses sales plaisirs. Vous vous affaiblissez afin qu'il soit plus fort, et qu'il vous tienne plus rudement la bride plus courte. Et de tant d'indignités que les bêtes elles-mêmes ne supporteraient pas si elles les sentaient, vous pourriez vous délivrer si vous essayiez, même pas de vous délivrer, seulement de le vouloir.

Soyez résolus à ne plus servir, et vous voilà libres. Je ne vous demande pas de le pousser, de l'ébranler, mais seulement de ne plus le soutenir, et vous le verrez, tel un grand colosse dont on a brisé la base, fondre sous son poids et se rompre.

Étienne de LA BOÉTIE,
Discours de la servitude volontaire
(publication complète en 1576)

Jean-Jacques Rousseau
(1712-1778)

Du contrat social *est, avec le* Discours sur l'origine et les fondements de l'inégalité parmi les hommes *écrit sept ans plus tôt, l'œuvre philosophique majeure dans laquelle Rousseau développe sa pensée politique. Le problème qu'il s'efforce de résoudre alors apparaît dès les premières phrases du chapitre un, avec une formule restée très célèbre et dont l'influence sera notable dans la Déclaration des droits de l'homme et du citoyen de 1789 :*

« L'homme est né libre et partout il est dans les fers. Tel se croit le maître des autres qui ne laisse pas d'être plus esclave qu'eux. Comment ce changement s'est-il fait ? Je l'ignore. Qu'est-ce qui peut le rendre légitime ? Je crois pouvoir résoudre cette question. »

Autrement dit, partout dans le monde, l'homme vit dans un état contraire à sa nature puisque, où que l'on tourne le regard, il subit une servitude politique et sociale plus ou moins forte. Même ceux qui se croient libres parce qu'ils sont les tyrans des autres n'échappent pas à ce constat dans la mesure où le despote est toujours à la merci de la révolte de ceux qu'il opprime : sa condition n'est ainsi paradoxalement pas moins précaire. Le passage de l'état de nature à l'état social s'est donc payé du sacrifice de la liberté. Reste à savoir comment un contrat égalitaire et inspiré par la Volonté générale peut légitimement permettre aux hommes d'accepter ce passage en y gagnant plus que ce qu'ils y perdent.

Dans cet extrait, Rousseau s'attache plus particulièrement à démontrer toute l'absurdité de l'esclavage et la contradiction évidente qui l'anime.

De l'esclavage

Puisque aucun homme n'a une autorité naturelle sur son semblable, et puisque la force ne produit aucun droit, restent donc les conventions pour base de toute autorité légitime parmi les hommes. Si un particulier, dit Grotius [1], peut aliéner sa liberté et se rendre esclave d'un maître, pourquoi tout un peuple ne pourrait-il pas aliéner la sienne et se rendre sujet d'un roi ? Il y a là bien des mots équivoques qui auraient besoin d'explication ; mais tenons-nous-en à celui d'*aliéner*. *Aliéner*, c'est donner ou vendre. Or, un homme qui se fait esclave d'un autre ne se donne pas ; il se vend tout au moins pour sa subsistance : mais un peuple, pourquoi se vend-il ? Bien loin qu'un roi fournisse à ses sujets leur subsistance, il ne tire la sienne que d'eux ; et, selon Rabelais, un roi ne vit pas de peu. Les sujets donnent donc leur personne, à condition qu'on prenne aussi leur bien ? Je ne vois pas ce qu'il leur reste à conserver.

On dira que le despote assure à ses sujets la tranquillité civile ; soit : mais qu'y gagnent-ils, si les guerres que son ambition leur attire, si son insatiable avidité, si les vexations de son ministère les désolent plus que ne feraient leurs dissensions ? Qu'y gagnent-ils, si cette tranquillité même est une de leurs misères ? On vit tranquille aussi dans les cachots : en est-ce assez pour s'y trouver bien ? Les Grecs enfermés dans l'antre du Cyclope [2] y vivaient tranquilles, en attendant que leur tour vienne d'être dévorés.

Dire qu'un homme se donne gratuitement, c'est dire une chose absurde et inconcevable ; un tel acte est illégitime et nul, par cela seul que celui qui le fait n'est pas dans son bon sens. Dire la même chose de tout un peuple, c'est sup-

---

1. Hugo de Groot, dit Grotius était un théoricien de l'idée de contrat social. Il considérait qu'un peuple pouvait se dépouiller de l'ensemble de ses droits en les transférant au souverain qui jouissait alors d'une autorité absolue. Rousseau s'oppose ici à cette conception qu'il juge illégitime et dangereuse parce qu'elle oblige une partie des contractants sans obliger l'autre en retour. Le résultat ne peut que conditionner le despotisme et favoriser l'inégalité combattue par le philosophe.
2. Référence à *L'odyssée*, chant IX. Ulysse et ses compagnons sont alors prisonniers du cyclope Polyphème.

poser un peuple de fous ; la folie ne fait pas droit. Quand chacun pourrait s'aliéner lui-même, il ne peut aliéner ses enfants ; ils naissent hommes et libres ; leur liberté leur appartient, nul n'a droit d'en disposer qu'eux. Avant qu'ils soient en âge de raison, le père peut, en leur nom, stipuler des conditions pour leur conservation, pour leur bien-être, mais non les donner irrévocablement et sans condition ; car un tel don est contraire aux fins de la nature, et passe les droits de la paternité. Il faudrait donc, pour qu'un gouvernement arbitraire fût légitime, qu'à chaque génération le peuple fût le maître de l'admettre ou de le rejeter : mais alors ce gouvernement ne serait plus arbitraire.

Renoncer à sa liberté, c'est renoncer à sa qualité d'homme, aux droits de l'humanité, même à ses devoirs. Il n'y a nul dédommagement possible pour quiconque renonce à tout. Une telle renonciation est incompatible avec la nature de l'homme ; et c'est ôter toute moralité à ses actions que d'ôter toute liberté à sa volonté. Enfin c'est une convention vaine et contradictoire de stipuler d'une part une autorité absolue, et de l'autre une obéissance sans bornes. N'est-il pas clair qu'on n'est engagé à rien envers celui dont on a droit de tout exiger ? Et cette seule condition, sans équivalent, sans échange, n'entraîne-t-elle pas la nullité de l'acte ? Car, quel droit mon esclave aurait-il contre moi, puisque tout ce qu'il a m'appartient et que, son droit étant le mien, ce droit de moi contre moi-même est un mot qui n'a aucun sens ?

[...]

Ainsi, de quelque sens qu'on envisage les choses, le droit d'esclavage est nul, non seulement parce qu'il est illégitime, mais parce qu'il est absurde et ne signifie rien. Ces mots, esclave et droit, sont contradictoires ; ils s'excluent mutuellement. Soit d'un homme à un homme, soit d'un homme à un peuple, ce discours sera toujours également insensé :

« Je fais avec toi une convention toute à ta charge et toute à mon profit, que j'observerai tant qu'il me plaira, et que tu observeras tant qu'il me plaira. »

Jean-Jacques ROUSSEAU,
Du contrat social (1762)

Denis Diderot
(1713-1784)

*Philosophe des Lumières, esprit éclectique et curieux, passionné aussi bien par les arts que les sciences et les techniques, Diderot dirigea l'*Encyclopédie *avec son ami d'Alembert. Il y rédigea un nombre considérable d'articles en consacrant une énergie constante à ce projet ambitieux destiné à diffuser la connaissance afin de faire progresser les hommes et d'améliorer leur condition. Farouche opposant au despotisme, il est également matérialiste et athée, trois positions qui supposent un courage intellectuel évident en son temps.*

*L'*Entretien d'un philosophe avec la maréchale de *** *est un dialogue philosophique, peut-être réellement tenu avec la maréchale de Broglie en 1771. Il met en scène un débat entre Diderot venu rendre visite au maréchal et qui, en son absence, discute avec l'épouse de ce dernier.*

L'extrait que nous présentons ci-après porte plus précisément sur la religion décrite comme une superstition dangereuse, responsable de bien des maux de l'humanité et qui conduit à la discorde. Vastes hypocrisies, toutes les croyances religieuses sont logées ici à la même enseigne et Diderot fait preuve d'une ironie cinglante en concluant le dialogue ainsi :

La maréchale — À propos, si vous aviez à rendre compte de vos principes à nos magistrats, les avoueriez-vous ?

Diderot — Je ferais de mon mieux pour leur épargner une action atroce.

La maréchale — Ah ! Le lâche ! Et si vous étiez sur le point de mourir, vous soumettriez-vous aux cérémonies de l'Église ?

Diderot — Je n'y manquerais pas.

La maréchale — Fi ! Le vilain hypocrite.

DIDEROT — Ainsi, vous êtes persuadée que la religion a plus d'avantages que d'inconvénients ; et c'est pour cela que vous l'appelez un bien ?

LA MARÉCHALE — Oui.

DIDEROT — Pour moi, je ne doute point que votre intendant ne vous vole un peu moins la veille de Pâques que le lendemain des fêtes, et que de temps en temps la religion n'empêche nombre de petits maux et ne produise nombre de petits biens.

LA MARÉCHALE — Petit à petit, cela fait somme.

DIDEROT — Mais croyez-vous que les terribles ravages qu'elle a causés dans les temps passés, et qu'elle causera dans les temps à venir, soient suffisamment compensés par ces guenilleux avantages-là ? Songez qu'elle a créé et qu'elle perpétue la plus violente antipathie entre les nations. Il n'y a pas un musulman qui n'imaginât faire une action agréable à Dieu et au saint Prophète, en exterminant tous les chrétiens, qui, de leur côté, ne sont guère plus tolérants. Songez qu'elle a créé et qu'elle perpétue, dans la même contrée, des divisions qui se sont rarement éteintes sans effusion de sang. Notre histoire ne nous en offre que de trop récents et de trop funestes exemples. Songez qu'elle a créé et qu'elle perpétue, dans la société entre les citoyens, et dans la famille entre les proches, les haines les plus fortes et les plus constantes. Le Christ a dit qu'il était venu pour séparer l'époux de la femme, la mère de ses enfants, le frère de la sœur, l'ami de l'ami ; et sa prédiction ne s'est que trop fidèlement accomplie.

LA MARÉCHALE — Voilà bien les abus ; mais ce n'est pas la chose.

DIDEROT — C'est la chose, si les abus en sont inséparables.

LA MARÉCHALE — Et comment me montrerez-vous que les abus de la religion sont inséparables de la religion ?

DIDEROT — Très aisément ; dites-moi, si un misanthrope s'était proposé de faire le malheur du genre humain, qu'aurait-il pu inventer de mieux que la croyance en un être incompréhensible sur lequel les hommes n'auraient jamais pu s'entendre, et auquel ils auraient attaché plus d'importance qu'à leur vie ? Or, est-il possible de séparer de la notion d'une divinité l'incompréhensibilité la plus profonde et l'importance la plus grande ?

LA MARÉCHALE — Non.

DIDEROT — Concluez donc.

LA MARÉCHALE — Je conclus que c'est une idée qui n'est pas sans conséquence dans la tête des fous.

DIDEROT — Et ajoutez que les fous ont toujours été et seront toujours le plus grand nombre ; et que les plus dangereux sont ceux que la religion fait, et dont les perturbateurs de la société savent tirer bon parti dans l'occasion.

LA MARÉCHALE — Mais il faut quelque chose qui effraie les hommes sur les mauvaises actions qui échappent à la sévérité des lois ; et si vous détruisez la religion, que lui substituerez-vous ?

DIDEROT — Quand je n'aurais rien à mettre à la place, ce serait toujours un terrible préjugé de moins ; sans compter que, dans aucun siècle et chez aucune nation, les opinions religieuses n'ont servi de base aux mœurs nationales. Les dieux qu'adoraient ces vieux Grecs et ces vieux Romains, les plus honnêtes gens de la terre, étaient la canaille la plus dissolue : un Jupiter, à brûler tout vif ; une Vénus, à enfermer à l'Hôpital ; un Mercure, à mettre à Bicêtre.

LA MARÉCHALE — Et vous pensez qu'il est tout à fait indifférent que nous soyons chrétiens ou païens ; que païens, nous n'en vaudrions pas mieux ; et que chrétiens, nous n'en valons pas mieux.

DIDEROT — Ma foi, j'en suis convaincu, à cela près que nous serions un peu plus gais.

Denis DIDEROT,
*Entretien d'un philosophe avec la maréchale de**** (1773)

JEAN-PAUL MARAT
(1743-1793)

Médecin et physicien, admirateur de Newton, Marat a été un observateur attentif et critique de la Révolution dont il n'hésita pas à dénoncer très tôt certains travers, dans le journal qu'il fonda dès 1789 : L'Ami du peuple. *Il y condamnera par exemple la Constitution de 1791 en la traitant de « rendez-vous manqué ». Député à la Convention, jacobin et montagnard, il était proche de Danton et de Robespierre avec qui il créa les tribunaux révolutionnaires et le Comité de salut public en 1793. C'est cette surenchère répressive destinée à protéger la France des menaces contre-révolutionnaires intérieures et extérieures (l'exécution de Louis XVI entraîna en effet la coalition des monarchies d'Europe contre le pays) qui va provoquer son assassinat par Charlotte Corday le 13 juillet de la même année. La jeune femme considérait en effet que Marat était devenu un fauteur de tyrannie et un ennemi de la République.*

Cet extrait des Chaînes de l'esclavage *dénonce le lien existant entre l'oppression dont les princes se rendent coupables et les superstitions religieuses qui sont leurs complices. « Toutes les religions prêtent la main au despotisme » et le christianisme est présenté comme celle qui s'y emploie avec le plus d'efficacité et de zèle, comme Marat nous le démontre ici.*

54 – De la superstition

On ne saurait réfléchir sur la marche de la puissance au despotisme, sans réfléchir en même temps sur la force de l'opinion. Que ne peut-elle pas sur les esprits ? C'est elle qui autrefois faisait frissonner de peur l'intrépide Romain, à la vue des poulets sacrés, refusant de manger.

C'est elle qui remplissant l'Égyptien de la crainte des dieux, lui faisait regarder en tremblant l'idole qu'il venait de former.

C'est elle qui aujourd'hui rend les disciples de Mahomet, sans soin pour le présent, sans inquiétude pour l'avenir, sans crainte dans les dangers, et les fait vivre dans une entière apathie, au sein de la Providence.

C'est elle qui repliant sans cesse le Stoïcien sur lui-même, environne son cœur de glace, l'empêche de palpiter de joie au milieu des plaisirs, de s'attendrir à l'ouïe des cris perçants de la douleur ; de tressaillir de crainte dans les périls ; qui concentre toutes ses passions dans l'orgueil, le fait vivre sans attachement, et mourir sans faiblesse.

C'est elle qui, berçant de fausses espérances les dévots, les fait s'exposer à mille maux certains pour jouir d'un bien douteux ; sacrifier mille avantages réels à la poursuite d'un bien imaginaire, et se rendre toujours misérables, dans l'espoir d'être heureux un jour.

C'est elle enfin, qui, tenant sur nos yeux le bandeau de la superstition, nous plie au joug des prêtres ; et c'est de son pouvoir aussi dont les princes se servent pour nous asservir.

Portez vos regards sur les anciens peuples, vous y verrez toujours le prince se donner pour le favori des dieux. Zoroastre[1] promulgua ses lois sous le nom d'Oromaze ; Trismégiste[2] publia les siennes sous celui de Mercure, Minos[3] emprunta le nom de Jupiter ; Lycurgue[4], celui d'Apollon ; Numa[5], celui d'Égérie, etc.

Toute police a quelque divinité à sa tête : et combien de fois un ridicule respect pour les dieux n'a-t-il pas replongé le peuple dans l'esclavage ? Pour rentrer dans la citadelle d'Athènes, dont il avait été chassé, Pisistrate[6] habille une femme en Minerve, monte sur un char avec cette déesse de sa façon, et traverse la ville ; tandis qu'en le tenant par la main, elle criait au peuple : « Voici Pisistrate que je vous

1. Fondateur d'une religion perse antique.
2. Prêtre égyptien légendaire.
3. Roi de Crète dans la mythologie grecque.
4. Législateur de Sparte.
5. Numa Pompilius, deuxième roi légendaire de Rome.
6. Premier tyran d'Athènes qui s'empara du pouvoir par la ruse.

amène, et que je vous ordonne de recevoir. » À ces mots les Athéniens se soumettent de nouveau au tyran.

Les princes, il est vrai, ne jouent plus le rôle d'inspirés, mais ils empruntent tous la voix des ministres de la religion pour plier au joug leurs sujets. Des prêtres crédules, fourbes, timides, ambitieux, font envisager les puissances comme les représentants de la divinité sur la terre, devant qui le reste des hommes doit se prosterner en silence ; puis, confondant l'obéissance aux lois avec la basse servitude, ils prêchent sans cesse, au nom des dieux, l'aveugle soumission.

Toutes les religions prêtent la main au despotisme ; je n'en connais aucune toutefois qui le favorise autant que la chrétienne.

Loin d'être liée au système politique d'aucun gouvernement, elle n'a rien d'exclusif, rien de local, rien de propre à tel pays plutôt qu'à tel autre ; elle embrasse également tous les hommes dans sa charité ; elle lève la barrière qui sépare les nations et réunit tous les chrétiens en un peuple de frères. Tel est le véritable esprit de l'Évangile.

La liberté tient à l'amour de la patrie ; mais le règne des chrétiens n'est pas de ce monde ; leur patrie est dans le ciel ; et pour eux cette terre n'est qu'un lieu de pèlerinage. Or, comment des hommes qui ne soupirent qu'après les choses d'en haut, prendraient-ils à cœur les choses d'ici-bas ? Les établissements humains sont tous fondés sur les passions humaines, et ils ne se soutiennent que par elles : l'amour de la liberté est attaché à celui du bien-être, à celui des biens temporels ; mais le christianisme ne nous inspire que de l'éloignement pour ces biens, et ne s'occupe qu'à combattre ces passions... Tout occupé d'une autre patrie, on ne l'est guère de celle-ci.

Pour se conserver libres, il faut avoir sans cesse les yeux ouverts sur le gouvernement ; il faut épier ses démarches, s'opposer à ses attentats, réprimer ses écarts. Comment des hommes à qui la religion défend d'être soupçonneux, pourraient-ils être défiants ? Comment pourraient-ils arrêter les sourdes menées des traîtres qui se glissent au milieu d'eux ? Comment pourraient-ils les découvrir ? Comment pourraient-ils même s'en douter ? Sans défiance, sans crainte, sans artifice, sans colère, sans désir de vengeance, un vrai chrétien est à la discrétion du premier venu. L'esprit du christianisme est un esprit de paix, de douceur, de charité, ses disciples en sont tous animés, même pour leurs ennemis. Quand on les frappe sur une joue, ils doivent présenter l'autre. Quand on leur ôte la robe, ils doivent encore donner le manteau. Quand on les contraint de marcher une lieue, ils doivent en marcher deux. Quand on les persécute, ils doivent bénir leurs persécuteurs. Qu'auraient-ils à opposer à leurs tyrans ? Il ne leur est pas permis de défendre leur propre vie. Toujours résignés, ils souffrent en silence, tendent les mains au ciel, s'humilient sous la main qui les frappe, et prient pour leurs bourreaux. La patience, les prières, les bénédictions sont leurs armes ; et quoi qu'on leur fasse, jamais ils ne s'abaissent à la vengeance : comment donc s'armeraient-ils contre ceux qui troublent la paix de l'État ? Comment repousseraient-ils par la force leurs oppresseurs ? Comment combattraient-ils les ennemis de la liberté ? Comment paieraient-ils de leur sang ce qu'ils doivent à la patrie !

À tant de dispositions contraires à celles d'un bon citoyen, qu'on ajoute l'ordre positif d'obéir aux puissances supérieures, bonnes ou mauvaises, comme étant établies de Dieu. Aussi les princes ont-ils toujours fait intervenir l'Évangile pour établir leur empire, et donner à leur autorité un caractère sacré.

Jean-Paul MARAT,
Les chaînes de l'esclavage (1774)

Paul Henri Thiry, baron d'Holbach (1723-1789)

*Lié à Diderot, d'Holbach fut l'un des acteurs de l'*Encyclopédie *pour laquelle il rédigea plus de quatre cents articles portant essentiellement sur les sciences et sur les questions religieuses. Explicitement athée, anticlérical et matérialiste, il déploie une pensée qui s'efforce de mettre fin aux spéculations interminables qui conduisent la raison dans des impasses. À ce titre, toute théologie ne peut qu'être l'objet d'une condamnation et d'Holbach cherche à établir les principes qui permettent à l'homme de vivre sans Dieu. Influencé par les sciences et la relation entre les causes et les effets, il exporte l'idée de déterminisme jusque dans la morale en construisant un modèle fataliste :* « La nécessité qui règle les mouvements du monde physique règle aussi tous ceux du monde moral où tout est par conséquent soumis à la fatalité [1]. » *Proche du système stoïcien, cette conception ruine cependant la question de la volonté libre en ne laissant plus véritablement de place à la distinction entre ce qui dépend de nous et ce qui n'en dépend pas. Reste alors aux hommes à se satisfaire de l'ordre mécaniquement imposé par les lois de la nature et ne plus craindre la mort, source éternelle à laquelle les superstitions religieuses ne cessent de s'abreuver pour mieux exploiter les peurs et la crédulité humaines.*

PRÊTRES, s. m. pl. (Religion et Politique). On désigne sous ce nom tous ceux qui remplissent les fonctions des cultes religieux établis chez les différents peuples de la terre.

Le culte extérieur suppose des cérémonies, dont le but est de frapper les sens des hommes, et de leur imprimer de la vénération pour la divinité à qui ils rendent leurs hommages. La superstition ayant multiplié les cérémonies des différents cultes, les personnes destinées à les remplir ne

1. *Système de la nature*, tome II.

tardèrent point à former un ordre séparé, qui fut uniquement destiné au service des autels ; on crut que ceux qui étaient chargés de soins si importants se devaient tout entiers à la divinité ; dès lors ils partagèrent avec elle le respect des humains ; les occupations du vulgaire parurent au-dessous d'eux, et les peuples se crurent obligés de pourvoir à la subsistance de ceux qui étaient revêtus du plus saint et du plus important des ministères ; ces derniers renfermés dans l'enceinte de leurs temples, se communiquèrent peu ; cela dut augmenter encore le respect qu'on avait pour ces hommes isolés ; on s'accoutuma à les regarder comme des favoris des dieux, comme les dépositaires et les interprètes de leurs volontés, comme des médiateurs entre eux et les mortels.

Il est doux de dominer sur ses semblables ; les prêtres surent mettre à profit la haute opinion qu'ils avaient fait naître dans l'esprit de leurs concitoyens ; ils prétendirent que les dieux se manifestaient à eux ; ils annoncèrent leurs décrets ; ils enseignèrent des dogmes ; ils prescrivirent ce qu'il fallait croire et ce qu'il fallait rejeter ; ils fixèrent ce qui plaisait ou déplaisait à la divinité ; ils rendirent des oracles ; ils prédirent l'avenir à l'homme inquiet et curieux, ils le firent trembler par la crainte des châtiments dont les dieux irrités menaçaient les téméraires qui oseraient douter de leur mission, ou discuter leur doctrine.

Pour établir plus sûrement leur empire, ils peignirent les dieux comme cruels, vindicatifs, implacables ; ils introduisirent des cérémonies, des initiations, des mystères, dont l'atrocité put nourrir dans les hommes cette sombre mélancolie, si favorable à l'empire du fanatisme ; alors le sang humain coula à grands flots sur les autels ; les peuples subjugués par la crainte, et enivrés de superstition, ne crurent jamais payer trop chèrement la bienveillance céleste : les mères livrèrent d'un œil sec leurs tendres enfants aux flammes dévorantes ; des milliers de victimes humaines tombèrent sous le couteau des sacrificateurs ; on se soumit à une multitude de pratiques frivoles et révoltantes, mais utiles pour les prêtres, et les superstitions les plus absurdes achevèrent d'étendre et d'affermir leur puissance.

Exempts de soins et assurés de leur empire, ces prêtres, dans la vue de charmer les ennuis de leur solitude, étudièrent les secrets de la nature, mystères inconnus au commun des hommes ; de là les connaissances si vantées des prêtres égyptiens. On remarque en général que chez presque tous les peuples sauvages et ignorants, la médecine et le sacerdoce ont été exercés par les mêmes hommes. L'utilité dont les prêtres étaient au peuple ne put manquer d'affermir leur pouvoir. Quelques-uns d'entre eux allèrent plus loin encore ; l'étude de la physique leur fournit des moyens de frapper les yeux par des œuvres éclatantes ; on les regarda comme surnaturelles, parce qu'on en ignorait les causes ; de là cette foule de prodiges, de prestiges, de miracles ; les humains étonnés crurent que leurs sacrificateurs commandaient aux éléments, disposaient à leur gré des vengeances et des faveurs du ciel, et devaient partager avec les dieux la vénération et la crainte des mortels.

Il était difficile à des hommes si révérés de se tenir longtemps dans les bornes de la subordination nécessaire au bon ordre de la société : le sacerdoce enorgueilli de son pouvoir, disputa souvent les droits de la royauté ; les souverains soumis eux-mêmes, ainsi que leurs sujets, aux lois de la religion, ne furent point assez forts pour réclamer contre les usurpations et la tyrannie de ses ministres ; le fanatisme et la superstition tinrent le couteau suspendu sur la tête des monarques ; leur trône s'ébranla aussitôt qu'ils voulurent réprimer ou punir des hommes sacrés, dont les intérêts étaient confondus avec ceux de la divinité ; leur résister fut une révolte contre le ciel ; toucher à leurs droits fut un sacrilège ; vouloir borner leur pouvoir, ce fut saper les fondements de la religion.

Tels ont été les degrés par lesquels les prêtres du paganisme ont élevé leur puissance. Chez les Égyptiens les rois étaient soumis aux censures du sacerdoce ; ceux des monarques qui avaient déplu aux dieux recevaient de leurs ministres l'ordre de se tuer, et telle était la force de la superstition, que le souverain n'osait désobéir à cet ordre. Les druides chez les Gaulois exerçaient sur les peuples l'empire le plus absolu ; non contents d'être les ministres de leur culte, ils étaient les arbitres des différends qui survenaient entre eux. Les Mexicains gémissaient en silence des cruautés que leurs prêtres barbares leur faisaient exercer à l'ombre du nom des dieux ; les rois ne pouvaient refuser d'entreprendre les guerres les plus injustes lorsque le pontife leur annonçait les volontés du ciel ; le dieu a faim, disait-il ; aussitôt les empereurs s'armaient contre leurs voisins, et chacun s'empressait de faire des captifs pour les immoler à l'idole, ou plutôt à la superstition atroce et tyrannique de ses ministres.

Les peuples eussent été trop heureux, si les prêtres de l'imposture eussent seuls abusé du pouvoir que leur ministère leur donnait sur les hommes ; malgré la soumission et la douceur, si recommandée par l'Évangile, dans des siècles de ténèbres, on a vu des prêtres du Dieu de paix arborer l'étendard de la révolte ; armer les mains des sujets contre leurs souverains ; ordonner insolemment aux rois de descendre du trône ; s'arroger le droit de rompre les liens sacrés qui unissent les peuples à leurs maîtres ; traiter de tyrans les princes qui s'opposaient à leurs entreprises audacieuses ; prétendre pour eux-mêmes une indépendance chimérique des lois, faites pour obliger également tous les citoyens. Ces vaines prétentions ont été cimentées quelquefois par des flots de sang : elles se sont établies en raison de l'ignorance des peuples, de la faiblesse des souverains, et de l'adresse des prêtres ; ces derniers sont souvent parvenus à se maintenir dans leurs droits usurpés ; dans les pays où l'affreuse inquisition est établie, elle fournit des exemples fréquents de sacrifices humains, qui ne le cèdent en rien à la barbarie de ceux des prêtres mexicains. Il n'en est point ainsi des contrées éclairées par les lumières de la raison et de la philosophie, le prêtre n'y oublie jamais qu'il est homme, sujet, et citoyen.

Paul Henri Thiry, baron d'HOLBACH,
L'*Encyclopédie*, tome XIII (article « prêtres »)

Donatien Alphonse, marquis de Sade (1740-1814)

Écrivain sulfureux, longtemps officiellement interdit, Sade aura passé près de trente ans de sa vie en prison et échappa par deux fois à une condamnation à mort. C'est d'ailleurs en détention qu'il rédigea la plupart de ses textes, l'écriture lui servant manifestement à dissiper son ennui, comme à trouver un exutoire à ses fantasmes. Son nom n'est pas resté célèbre seulement pour ses productions littéraires puisqu'il a aussi servi la nosographie psychiatrique. Le mot « sadisme » désigne en effet l'excitation ressentie par le sujet qui prend plaisir à la provocation et à la contemplation de la souffrance d'autrui. D'un abord pour le moins déroutant en raison des scènes de débauches extrêmes qui s'y succèdent, ses ouvrages n'en sont pas moins riches de pensées philosophiques qui ne doivent pas être ignorées au prétexte de la pornographie qui les ponctue de manière quasi systématique. Derrière la simple apologie du libertinage, le déchaînement d'un érotisme brutal et la démesure orgiaque, se profile en effet une critique acerbe de la société et de l'hypocrisie des bonnes mœurs. Sade se montre ainsi hostile à tout ce qui entrave la liberté de l'homme, à commencer par les préjugés de la religion envers laquelle il tient des propos d'une grande férocité. Cet extrait du troisième dialogue de La philosophie dans le boudoir *nous en donne un très bon exemple, en présentant une démonstration rigoureuse de l'absurdité de l'existence de Dieu. Si le mouvement est immanent à la matière elle-même, il n'y a plus besoin de faire référence à un quelconque Créateur. Par ailleurs, dans l'hypothèse où Dieu existerait effectivement, il serait nécessairement méchant puisqu'il permet le mal et se montre jaloux en punissant de la damnation éternelle ceux qui ne le servent pas selon son caprice.*

Extrait du troisième dialogue

DOLMANCÉ — Eh bien ! s'il est démontré que l'homme ne doit son existence qu'aux plans irrésistibles de la nature ; s'il est prouvé qu'aussi ancien sur ce globe que le globe même, il n'est, comme le chêne, le lion, comme les minéraux qui se trouvent dans les entrailles de ce globe, qu'une production nécessitée par l'existence du globe, et qui ne doit la sienne à qui que ce soit ; s'il est démontré que ce Dieu, que les sots regardent comme auteur et fabricateur unique de tout ce que nous voyons, n'est que le *nec plus ultra* de la raison humaine, que le fantôme créé à l'instant où cette raison ne voit plus rien, afin d'aider à ses opérations ; s'il est prouvé que l'existence de ce Dieu est impossible, et que la nature, toujours en action, toujours en mouvement, tient d'elle-même ce qu'il plaît aux sots de lui donner gratuitement ; s'il est certain qu'à supposer que cet être inerte existât, ce serait assurément le plus ridicule de tous les êtres, puisqu'il n'aurait servi qu'un seul jour, et que depuis des millions de siècles il serait dans une inaction méprisable ; qu'à supposer qu'il existât comme les religions nous le peignent, ce serait assurément le plus détestable des êtres, puisqu'il permettrait le mal sur la terre, tandis que sa toute-puissance pourrait l'empêcher ; si, dis-je, tout cela se trouvait prouvé, comme cela l'est incontestablement, croyez-vous alors, Eugénie, que la piété qui lierait l'homme à ce Créateur imbécile, insuffisant, féroce et méprisable, fût une vertu bien nécessaire ?

EUGÉNIE, *à Mme de Saint-Ange* — Quoi ! Réellement, mon aimable amie, l'existence de Dieu serait une chimère ?

Mme DE SAINT-ANGE — Et des plus méprisables, sans doute.

DOLMANCÉ — Il faut avoir perdu le sens pour y croire. Fruit de la frayeur des uns et de la faiblesse des autres, cet abominable fantôme, Eugénie, est inutile au système de la terre ; il y nuirait infailliblement, puisque ses volontés, qui devraient être justes, ne pourraient jamais s'allier avec les injustices essentielles aux lois de la nature ; qu'il devrait constamment vouloir le bien, et que la nature ne doit le désirer qu'en compensation du mal qui sert à ses lois ; qu'il faudrait qu'il agît toujours, et que la nature, dont cette action perpétuelle est une des lois, ne pourrait se trouver en concurrence et en opposition perpétuelle avec lui. Mais, dira-t-on à cela, Dieu et la nature sont la même chose. Ne serait-ce pas une absurdité ? La chose créée ne peut être égale à l'être créant : est-il possible que la montre soit l'horloger ? Eh bien, continuera-t-on, la nature n'est rien, c'est Dieu qui est tout. Autre bêtise ! Il y a nécessairement deux choses dans l'univers : l'agent créateur et l'individu créé. Or quel est cet agent créateur ? Voilà la seule difficulté qu'il faut résoudre ; c'est la seule question à laquelle il faille répondre.

Si la matière agit, se meut, par des combinaisons qui nous sont inconnues, si le mouvement est inhérent à la matière, si elle seule enfin peut, en raison de son énergie, créer, produire, conserver, maintenir, balancer dans les plaines immenses de l'espace tous les globes dont la vue nous surprend et dont la marche uniforme, invariable, nous remplit de respect et d'admiration, que sera le besoin de chercher alors un agent étranger à tout cela, puisque cette faculté active se trouve essentiellement dans la nature elle-même, qui n'est autre chose que la matière en action ? Votre chimère déifique éclaircira-t-elle quelque chose ? Je défie qu'on puisse me le prouver. À supposer que je me trompe sur les facultés internes de la matière, je n'ai, du moins devant moi, qu'une difficulté. Que faites-vous en m'offrant votre Dieu ? Vous m'en donnez une de plus. Et comment voulez-vous que j'admette, pour cause que je ne comprends pas, quelque chose que je comprends encore moins ? Sera-ce au moyen de dogmes de la religion chrétienne que j'examinerai... que je me représenterai votre effroyable Dieu ? Voyons un peu comme elle me le peint...

Que vois-je dans le Dieu de ce culte infâme, si ce n'est pas un être inconséquent et barbare, créant aujourd'hui un monde, de la construction duquel il s'en repent demain ? Qu'y vois-je, qu'un être faible qui ne peut jamais faire prendre à l'homme le pli qu'il voudrait ? Cette créature, quoique émanée de lui, le domine ; elle peut l'offenser et mériter par là des supplices éternels ! Quel être faible que ce Dieu-là ! Comment ! Il a pu créer tout ce que nous voyons, et il lui est impossible de former un homme à sa guise ? Mais, me répondrez-vous à cela, s'il l'eût créé tel, l'homme n'eût pas eu de mérite. Quelle platitude ! Et quelle nécessité y a-t-il que l'homme mérite de son Dieu ? En le formant tout à fait bon, il n'aurait jamais pu faire le mal, et de ce moment seul l'ouvrage était digne d'un Dieu. C'est tenter l'homme que de lui laisser un choix. Or Dieu, par sa prescience infinie, savait bien ce qui en résulterait. De ce moment, c'est donc à plaisir qu'il perd la créature que lui-même a formée.

Quel horrible Dieu que ce Dieu-là ! Quel monstre ! Quel scélérat plus digne de notre haine et notre implacable vengeance !

Donatien Alphonse, marquis de SADE,
La philosophie dans le boudoir (1795)

Johann Wolfgang von Goethe
(1749-1832)

Faust, 1808 (première version)

Avant de devenir l'une des œuvres les plus célèbres de Goethe, Faust était d'abord le héros d'un conte populaire allemand adapté de la vie d'un alchimiste de la fin du XVe *siècle qui a peut-être vraiment existé. À la fois symbole de la quête infinie du savoir absolu et du tiraillement de l'homme entre la raison et les passions, le personnage a été abondamment exploité dans la littérature. L'extrait reproduit ici intervient au moment où Faust, insatisfait par les sciences auxquelles il a consacré tout son temps, cherche dans la magie de quoi pénétrer les secrets de la nature. Il lance alors une incantation qui fait apparaître Méphistophélès avec qui il va accepter de sceller un pacte, convaincu que toute la puissance du diable ne parviendra pas à lui offrir la satiété : son âme contre la jouissance des biens terrestres. Ignorant qui est la créature se matérialisant sous ses yeux, le savant lui demande son nom et le démon se présente alors comme celui qui, « avec justice », « toujours nie ».*

Au revers d'une représentation qui ne fait que l'associer aux flammes de l'enfer et à la damnation des pécheurs, le personnage du diable présente ainsi d'autres caractéristiques plus intéressantes à questionner. En effet, il est aussi une figure de la transgression, de la négation et de la rébellion, ce qui permet de justifier la présence d'un tel texte dans cette anthologie. En grec, diaballeïn *signifie « séparer, jeter en deux parties ». Le diabolique est donc ce qui introduit de la division et de la séparation. D'une certaine manière, l'anarchiste et le libertaire sont également « diabolisés » parce qu'ils font le pari de l'individu séparé contre le tout indivisé de la communauté qui l'écrase. Par ailleurs, ils partagent aussi avec le diabolique la propension à la rébellion, la transgression et la négation contestataires empêchant l'homme de sombrer dans l'inertie.*

FAUST — D'abord, pour aborder le monstre, j'emploierai la conjuration des quatre.

Que le Salamandre [1] s'enflamme !
Que l'Ondin [2] se replie !
Que le Sylphe [3] s'évanouisse !
Que le Lutin travaille !

Qui ne connaîtrait pas les éléments, leur force et leurs propriétés, ne se rendrait jamais maître des esprits.

Vole en flamme, Salamandre !
Coulez ensemble en murmurant, Ondins !
Brille en éclatant météore, Sylphe !
Apporte-moi tes secours domestiques,
Incubus [4] ! Incubus !
Viens ici, et ferme la marche !

Aucun des quatre n'existe dans cet animal. Il reste immobile et grince des dents devant moi ; je ne lui ai fait encore aucun mal. Tu vas m'entendre employer de plus fortes conjurations. Es-tu, mon ami, un échappé de l'enfer ? Alors regarde ce signe : les noires phalanges se courbent devant lui. Déjà il se gonfle, ses crins sont hérissés ! Être maudit ! Peux-tu le lire, celui qui jamais ne fut créé, l'inexprimable, répandu dans tout le ciel, et criminellement transpercé ?

Relégué derrière le poêle, il s'enfle comme un éléphant, il remplit déjà tout l'espace, et va se résoudre en vapeur. Ne monte pas au moins jusqu'à la voûte ! Viens plutôt te coucher aux pieds de ton maître. Tu vois que je ne menace pas en vain. Je suis prêt à te roussir avec le feu sacré. N'attends pas la lumière au triple éclat ! N'attends pas la plus puissante de mes conjurations !

---

1. Selon une croyance des alchimistes, les salamandres pouvaient vivre dans le feu.
2. Génie des eaux dans les mythes nordiques.
3. Génie de l'air.
4. Les incubes sont des démons.

MÉPHISTOPHÉLÈS *entre pendant que le nuage tombe, et sort de derrière le poêle, en habit d'étudiant ambulant* — D'où vient ce vacarme ? Qu'est-ce qu'il y a pour le service de monsieur ?

FAUST — C'était donc là le contenu du barbet ? Un écolier ambulant. Le cas me fait rire.

MÉPHISTOPHÉLÈS — Je salue le savant docteur. Vous m'avez fait suer, rudement.

FAUST — Quel est ton nom ?

MÉPHISTOPHÉLÈS — La demande me paraît bien frivole, pour quelqu'un qui a tant de mépris pour les mots ; qui toujours s'écarte des apparences, et regarde surtout le fond des êtres.

FAUST — Chez vous autres, messieurs, on doit pouvoir aisément deviner votre nature d'après vos noms, et c'est ce qu'on fait connaître clairement en vous appelant ennemis de Dieu, séducteurs, menteurs. Eh bien ! Qui donc es-tu ?

MÉPHISTOPHÉLÈS — Une partie de cette force qui veut toujours le mal, et fait toujours le bien.

FAUST — Que signifie cette énigme ?

MÉPHISTOPHÉLÈS — Je suis l'esprit qui toujours nie ; et c'est avec justice : car tout ce qui existe est digne d'être détruit, il serait donc mieux que rien ne vînt à exister. Ainsi, tout ce que vous nommez péché, destruction, bref, ce qu'on entend par mal, voilà mon élément.

FAUST — Tu te nommes partie, et te voilà en entier devant moi.

MÉPHISTOPHÉLÈS — Je te dis l'humble vérité. Si l'homme, ce petit monde de folie, se regarde ordinairement comme formant un entier, je suis, moi, une partie ; de la partie qui jadis était le Tout, une partie de cette obscurité qui donna naissance à la lumière, la lumière orgueilleuse, qui maintenant dispute à sa mère la Nuit son rang antique et l'espace qu'elle occupait, ce qui ne lui réussit guère pourtant, car malgré ses efforts elle ne peut que ramper à la surface des corps qui l'arrêtent ; elle jaillit de la matière, elle y ruisselle et la colore, mais un corps suffit pour briser sa marche. Je puis donc espérer qu'elle ne sera plus de longue durée, ou qu'elle s'anéantira avec les corps eux-mêmes.

Johann Wolfgang von GOETHE,
Faust (première version, 1808)
traduction de l'allemand de Gérard de NERVAL

Pierre François Lacenaire
(1800-1836)

Voleur, escroc, faussaire, dandy et assassin à la conscience tranquille, Lacenaire scandalisa la bonne société de son temps tout en exerçant sur elle une incontestable fascination. Il constitue en effet une figure particulièrement déroutante, tout à la fois séduisante et éminemment choquante par sa désinvolture. Loin de la représentation rassurante du malfrat brutal et sans esprit, il était cultivé et doué pour l'écriture. Il rédigea ainsi plusieurs poèmes, des articles de journaux et composa ses Mémoires *en prison, lieu qu'il se plaisait à présenter comme « l'université du crime » où il prétendait avoir appris, malgré lui, son métier de malfaiteur. Ouvertement misanthrope, il rejetait par ailleurs sur le corps social la responsabilité de ses crimes, comme en témoigne ce commentaire qu'il fit au sujet de son procès : « Je me suis regardé comme en état de légitime défense contre la société ; je comprends que celui qui n'a rien tue et pille celui qui possède. »*

Le texte qui suit est adressé à Charles X, Lacenaire est alors incarcéré et n'en abandonne pas pour autant son goût pour la provocation. Assumant pleinement son statut de voleur en faisant preuve d'un cynisme déconcertant, le « poète assassin » se livre ici à un crescendo d'exigences poussant chaque fois plus loin l'insolence. Il demande d'abord au roi de le faire sergent de ville, puis préfet de police, puis ministre, jusqu'à proposer directement au souverain de lui céder sa place. Aussi bon escroc que lui, Lacenaire mériterait bien d'occuper son trône...

Sire, de grâce, écoutez-moi :
Sire, je reviens des galères...
Je suis voleur, vous êtes roi,
Agissons ensemble en bons frères.
Les gens de bien me font horreur,
J'ai le cœur dur et l'âme vile,
Je suis sans pitié, sans honneur :

Ah ! Faites-moi sergent de ville.

Bon ! je me vois déjà sergent :
Mais, sire, c'est bien peu, je pense.
L'appétit me vient en mangeant :
Allons, sire, un peu d'indulgence.
Je suis hargneux comme un roquet,
D'un vieux singe j'ai la malice ;
En France, je vaudrais Gisquet [1] :
Faites-moi préfet de police.

Grands dieux ! Que je suis bon préfet !
Toute prison est trop petite.
Ce métier pourtant n'est pas fait,
Je le sens bien, pour mon mérite.
Je sais dévorer un budget,
Je sais embrouiller un registre ;
Je signerai : « Votre sujet »,
Ah ! Sire, faites-moi ministre.

Sire, que Votre Majesté
Ne se mette pas en colère !
Je compte sur votre bonté ;
Car ma demande est téméraire.
Je suis hypocrite et vilain,
Ma douceur n'est qu'une grimace ;
J'ai fait... se pendre mon cousin :
Sire, cédez-moi votre place.

Pierre François LACENAIRE,
Pétition d'un voleur à un roi, son voisin
(décembre 1835)

---

1. Homme politique nommé préfet en 1831. Il fut impliqué dans une affaire de pots-de-vin et fit preuve d'un zèle répressif critiqué par l'opposition lorsqu'il était en fonction.

Alexis de Tocqueville
(1805-1859)

Figure essentielle de la philosophie politique, Tocqueville s'est en particulier intéressé à la Révolution française ainsi qu'au système constitutionnel américain. C'est un voyage aux États-Unis qui l'amène à rédiger son ouvrage le plus célèbre dont nous proposons ici un extrait. S'il estime que la démocratie est la tendance historique spontanée vers laquelle toutes les nations se dirigent tôt ou tard, il considère toutefois que ce système doit constamment affronter des menaces qu'il génère de lui-même. En conférant la puissance de décision à la majorité, il peut en effet dériver vers une forme de tyrannie opprimant la minorité qui n'a plus voix au chapitre. Mais ce qui constitue le péril politique le plus fort en raison de son caractère insidieux, c'est surtout la propension des individus à s'abandonner à ceux qui leur permettent de vivre dans la sécurité et le bien-être matériel, quitte à y sacrifier docilement leurs libertés. De proche en proche, ce double souci peut en effet se payer du désengagement citoyen consistant à laisser à l'État un pouvoir de plus en plus important. Ainsi, la démocratie qui semble pourtant conjurer définitivement le risque du despotisme, peut indirectement y substituer un absolutisme doux et feutré, dont la seule consolation serait le paradoxe d'avoir choisi nous-mêmes nos tuteurs par les urnes.

Lorsque je songe aux petites passions des hommes de nos jours, à la mollesse de leurs mœurs, à l'étendue de leurs lumières, à la pureté de leur religion, à la douceur de leur morale, à leurs habitudes laborieuses et rangées, à la retenue qu'ils conservent presque tous dans le vice comme dans la vertu, je ne crains pas qu'ils rencontrent dans leurs chefs des tyrans, mais plutôt des tuteurs. Je pense donc que l'espèce d'oppression dont les peuples démocratiques sont menacés ne ressemblera à rien de ce qui l'a précédée dans le monde ; nos contemporains ne sauraient en trouver l'image dans leurs souvenirs. Je cherche en vain moi-même une expression qui reproduise exactement l'idée que je m'en forme et la renferme ; les anciens mots de despotisme et de tyrannie ne conviennent point. La chose est nouvelle, il faut donc tâcher de la définir, puisque je ne peux la nommer.

Je veux imaginer sous quels traits nouveaux le despotisme pourrait se produire dans le monde : je vois une foule innombrable d'hommes semblables et égaux qui tournent sans repos sur eux-mêmes pour se procurer de petits et vulgaires plaisirs, dont ils emplissent leur âme. Chacun d'eux, retiré à l'écart, est comme étranger à la destinée de tous les autres : ses enfants et ses amis particuliers forment pour lui toute l'espèce humaine ; quant au demeurant de ses concitoyens, il est à côté d'eux, mais il ne les voit pas ; il les touche et ne les sent point ; il n'existe qu'en lui-même et pour lui seul, et s'il lui reste encore une famille, on peut dire du moins qu'il n'a plus de patrie.

Au-dessus de ceux-là s'élève un pouvoir immense et tutélaire, qui se charge seul d'assurer leur jouissance et de veiller sur leur sort. Il est absolu, détaillé, régulier, prévoyant et doux. Il ressemblerait à la puissance paternelle si, comme elle, il avait pour objet de préparer les hommes à l'âge viril ; mais il ne cherche, au contraire, qu'à les fixer irrévocablement dans l'enfance ; il aime que les citoyens se réjouissent, pourvu qu'ils ne songent qu'à se réjouir. Il travaille volontiers à leur bonheur ; mais il veut en être l'unique agent et le seul arbitre ; il pourvoit à leur sécurité, prévoit et assure leurs besoins, facilite leurs plaisirs, conduit leurs principales affaires, dirige leur industrie, règle leurs successions, divise leurs héritages ; que ne peut-il leur ôter entièrement le trouble de penser et la peine de vivre ? C'est ainsi que tous les jours il rend moins utile et plus rare l'emploi du libre arbitre ; qu'il renferme l'action de la volonté dans un plus petit espace, et dérobe peu à peu chaque citoyen jusqu'à l'usage de lui-même. L'égalité a préparé les hommes à toutes ces choses : elle les a disposés à les souffrir et souvent même à les regarder comme un bienfait. Après avoir pris ainsi tour à tour dans ses puissantes mains chaque individu, et l'avoir pétri à sa guise, le souverain étend ses bras sur la société tout entière ; il en couvre la surface d'un réseau de petites règles compliquées, minutieuses et uniformes, à travers lesquelles les esprits les plus originaux et les âmes les plus vigoureuses ne sauraient se faire jour pour dépasser la foule ; il ne brise pas les volontés, mais il les amollit, les plie et les dirige ; il force rarement d'agir, mais il s'oppose sans cesse à ce qu'on agisse ; il ne détruit point, il empêche de naître ; il ne tyrannise point, il gêne, il comprime, il énerve, il éteint, il hébète, et il réduit enfin chaque nation à n'être plus qu'un troupeau d'animaux timides et industrieux, dont le gouvernement est le berger. J'ai toujours cru que cette sorte de servitude, réglée, douce et paisible, dont je viens de faire le tableau, pourrait se combiner mieux qu'on ne l'imagine avec quelques-unes des formes extérieures de la liberté, et qu'il ne lui serait pas impossible de s'établir à l'ombre même de la souveraineté du peuple.

Nos contemporains sont incessamment travaillés par deux passions ennemies : ils sentent le besoin d'être conduits et l'envie de rester libres. Ne pouvant détruire ni l'un ni l'autre de ces instincts contraires, ils s'efforcent de les satisfaire à la fois tous les deux. Ils imaginent un pouvoir unique, tutélaire, tout-puissant, mais élu par les citoyens. Ils combinent la centralisation et la souveraineté du peuple. Cela leur donne quelque relâche. Ils se consolent d'être en tutelle, en songeant qu'ils ont eux-mêmes choisi leurs tuteurs. Chaque individu souffre qu'on l'attache, parce qu'il voit que ce n'est pas un homme ni une classe, mais le peuple lui-même, qui tient le bout de la chaîne. Dans ce système, les citoyens sortent un moment de la dépendance pour indiquer leur maître, et y rentrent. Il y a, de nos jours, beaucoup de gens qui s'accommodent très aisément de cette espèce de compromis entre le despotisme administratif et la souveraineté du peuple, et qui pensent avoir assez garanti la liberté des individus, quand c'est au pouvoir national qu'ils la livrent. Cela ne me suffit point. La nature du maître m'importe bien moins que l'obéissance. Je ne nierai pas cependant qu'une constitution semblable ne soit infiniment préférable à celle qui, après avoir concentré tous les pouvoirs, les déposerait dans les mains d'un homme ou d'un corps irresponsable. De toutes les différentes formes que le despotisme démocratique pourrait prendre, celle-ci serait assurément la pire.

Alexis de TOCQUEVILLE,
De la démocratie en Amérique (1835-1840)

JOHANN CASPAR SCHMIDT, DIT MAX STIRNER (1806-1856)

Après des études de philosophie, de théologie et de philologie[1] *compliquées par la nécessité de prendre soin de sa mère atteinte de démence, Stirner devient enseignant puis commerçant malchanceux et peu doué pour les affaires (il meurt ruiné). Influencé par la pensée de Hegel dont il suivit les cours, ses conceptions politiques se construisent surtout au contact des membres d'un cercle d'intellectuels de gauches dont Engels et Marx ont aussi fait partie (les « Freien », c'est-à-dire, « les affranchis » ou « hommes libres »).*

L'Unique et sa propriété *est son seul ouvrage, le reste de sa production littéraire se résumant à quelques articles et essais mineurs. Stirner y dénonce tout ce qui brime la liberté humaine et fait preuve d'un radicalisme très audacieux :* « Affranchissons-nous de tout ce qui est sacré, soyons sans foi et sans loi », *écrit-il. L'État, la religion, les partis, les syndicats et tous les fondements classiques de la société sont ainsi présentés comme ce qui vient entraver « l'Unique », c'est-à-dire, le moi individuel qui doit viser l'indépendance et la propriété de soi en opposition à tout ce qui tend à sa dissolution. Même le communisme naissant sera critiqué par Stirner, en tant que système noyant l'individuel sous le collectif et imposant aux hommes une appartenance à des catégories abstraites. Marx lui rendra plus tard la politesse en réfutant sa philosophie dans la plus grande partie de l'*Idéologie allemande.

Moi ce « néant » !

La discussion sur « le droit de propriété » fait apparaître, dans toute sa violence, le conflit des conceptions. Les com-

1. Pour la définition de cette discipline, voir l'introduction du texte de Nietzsche, p. 77.

munistes affirment que « la terre appartient de droit à celui qui la cultive » et que « ses produits reviennent à celui qui les tire du sol ». Je pense qu'ils appartiennent à celui qui sait les prendre ou à celui qui ne se laisse pas les prendre, qui ne s'en laisse pas déposséder. S'il se les approprie, ce n'est pas seulement la terre qui lui appartient, mais aussi le droit. Tel est le droit égoïste, c'est-à-dire que c'est le droit pour moi et par conséquent c'est le droit.

Autrement le droit est une duperie. Le tigre qui bondit sur moi a droit, et moi qui l'abats, j'ai droit aussi. Ce n'est pas mon droit que je défends contre lui, mais moi-même.

C'est seulement lorsque je suis sûr de mon moi et que je ne me cherche plus, c'est seulement alors que je suis vraiment ma propriété. Je me possède, c'est pourquoi je me sers de moi, je jouis de moi. Au contraire, je ne puis jamais jouir de moi, tant que je pense avoir encore à trouver mon vrai moi et devoir en venir à ce que, non pas moi, mais le Christ ou quelque autre moi immatériel, c'est-à-dire fantasmatique comme par exemple le vrai moi, l'essence de l'homme et autres imaginations, vivent en moi.

Il y a un énorme écart entre les deux conceptions : dans l'ancienne, je vais vers moi, dans la nouvelle, j'en pars ; dans celle-là j'aspire à moi, dans celle-ci j'ai mon moi, et j'en use avec moi comme avec toute propriété. Je jouis de moi à ma guise. Je ne m'inquiète plus de la vie, j'en « use ».

Dès maintenant, la question n'est plus comment peut-on acquérir la vie, mais comment en user, comment en jouir ; en d'autres termes il ne s'agit plus de rétablir en moi le vrai moi, mais de résoudre et d'user de soi par la vie même.

Qu'est l'idéal sinon ce moi toujours cherché et toujours lointain ? On se cherche, c'est donc qu'on ne se possède pas encore. On tend vers ce qu'on doit être, c'est donc qu'on ne l'est pas. On vit dans l'aspiration et voilà des milliers d'années qu'il en est ainsi et qu'on a vécu en espérance. On vit tout autrement dans la jouissance !

Toutes les vérités sous Moi me sont bienvenues ; une vérité au-dessus de Moi, une vérité vers laquelle je devrais me diriger, je ne la connais pas. Pour Moi il n'y a pas de vérité, car au-dessus de Moi rien ne va, ni mon essence ni l'essence de l'Homme ! Oui, rien au-dessus de Moi, Moi « cette goutte dans un seau d'eau », Moi ce « néant » !

On a dit de Dieu : « Il n'y a pas de noms pour le nommer. » De même de Moi : aucune idée ne m'exprime, rien de ce que l'on donne comme étant mon être n'épuise ce qui est en moi ; ce ne sont que des noms. De même on dit de Dieu qu'il est parfait et qu'il n'a nullement mission de tendre à la perfection. Cela est vrai aussi, mais seulement de Moi.

Je suis propriétaire de ma puissance et je le suis quand je me connais comme Unique. Dans l'Unique le propriétaire lui-même retourne en son néant créateur duquel il est né. Tout être au-dessus de Moi, que ce soit Dieu, que ce soit l'Homme, affaiblit le sentiment de mon individualité et commence seulement à pâlir quand le soleil de cette conscience se lève en Moi, l'Unique, elle repose alors sur son créateur périssable qui s'absorbe lui-même et je puis dire :

Je n'ai mis ma cause en rien.

Max STIRNER,
L'Unique et sa propriété (1844)
traduction de l'allemand de Henri de LAVISGNES

Pierre Joseph Proudhon
(1809-1865)

Né dans un milieu modeste, Proudhon a dû travailler très tôt comme bouvier, jusqu'à ce qu'une bourse d'externe lui permette d'entrer au collège royal de Besançon. Il y découvre le décalage de sa condition sociale en côtoyant les enfants de la bourgeoisie. Élève très brillant, il doit cependant interrompre ses études à 17 ans pour des raisons financières, juste avant de pouvoir passer son baccalauréat (qu'il obtiendra douze ans plus tard). Il devient alors typographe puis ouvre sa propre imprimerie en 1836. Son premier livre politique, Qu'est-ce que la propriété ?, *paraît en 1840. C'est là qu'il affirme « la propriété, c'est le vol », formule cinglante et provocatrice qui ouvre le premier chapitre. Proudhon réfute méthodiquement tous les arguments qui prétendent fonder le droit de propriété (dans son expression capitaliste) qu'il considère comme immoral, injuste et générateur d'inégalités sociales. Seule la propriété issue du produit du travail effectif d'un seul individu peut jouir d'une légitimité.*

Il rencontre Bakounine avec qui il se lie d'amitié en 1844, puis Marx. En 1846, la publication de Philosophie de la misère *le brouille avec le fondateur du communisme qui présente, en guise de réponse, une critique acerbe de sa pensée dans un texte au titre plein d'ironie :* Misère de la philosophie *(1847). En 1849, une série d'articles dirigés contre Louis Napoléon Bonaparte lui vaut trois ans d'emprisonnement, période pendant laquelle il continue ses travaux d'écriture. C'est là qu'il rédige notamment son* Idée générale de la révolution au XIXe siècle, *d'où le passage suivant est extrait. Il s'y revendique explicitement comme anarchiste mais ne prône pas le désordre : c'est simplement un ordre plus juste qu'il veut substituer au modèle politico-social oppressif et inégalitaire qui génère la misère et l'exploitation.*

Voilà donc tout mon système : liberté de conscience, liberté de la presse, liberté du travail, liberté de l'enseignement, libre concurrence, libre disposition des fruits de son travail, liberté à l'infini, liberté absolue, liberté partout et toujours ! C'est le système de 1789 et 1793 ; le système de Quesnay[1], de Turgot[2], de Jean-Baptiste Say[3]. [...] La liberté, donc, rien de plus, rien de moins. Le « laissez-faire, laissez-passer » dans l'acception la plus littérale et la plus large ; conséquemment, la propriété, en tant qu'elle découle légitimement de cette liberté : voilà mon principe.

Vous venez d'entendre ma profession de foi sérieuse et mûrement réfléchie ; quoique très ami de l'ordre, je suis, dans toute la force du terme, anarchiste. La communauté est oppression et servitude. Être gouverné, c'est être gardé à vue, inspecté, espionné, dirigé, légiféré, réglementé, parqué, endoctriné, prêché, contrôlé, estimé, apprécié, censuré, commandé, par des êtres qui n'ont ni titre, ni la science, ni la vertu... Être gouverné, c'est être à chaque transaction, à chaque mouvement, noté, enregistré, recensé, tarifé, timbré, toisé, coté, cotisé, patenté, licencié, autorisé, admonesté, empêché, réformé, redressé, corrigé. C'est sous prétexte d'utilité publique et au nom de l'intérêt général être mis à contribution, exercé, rançonné, exploité, monopolisé, concussionné, pressuré, mystifié, volé ; puis, à la moindre réclamation, au premier mot de plainte, réprimé, amendé, vilipendé, vexé, traqué, houspillé, assommé, désarmé, garrotté, emprisonné, fusillé, mitraillé, jugé, condamné, déporté, sacrifié, vendu, trahi, et pour comble, joué, berné, outragé, déshonoré. Voilà le gouvernement, voilà sa justice, voilà sa morale ! Et qu'il y a parmi nous

---

1. Théoricien de la « physiocratie », un système économique qui considère que la véritable richesse ne doit pas reposer sur la thésaurisation (l'accumulation de monnaie et de métaux précieux) mais sur les produits du travail et en particulier, de l'agriculture (*physis* signifie « nature » en grec et *kratos* « pouvoir » ou « gouvernement »).
2. Turgot fut contrôleur général des finances de Louis XVI. Il s'efforça en particulier de proposer des réformes plus justes pour le monde paysan et d'assainir le commerce des denrées agricoles.
3. Partisan d'une économie de l'offre, Say est à l'origine d'une loi des échanges qui porte son nom. Elle postule que plus les producteurs sont nombreux et variés, plus les débouchés sont vastes. Pour que cette loi s'exprime pleinement, il faut une libre concurrence.

des démocrates qui prétendent que le gouvernement a du bon ; des socialistes qui soutiennent, au nom de la liberté, de l'égalité et de la fraternité, cette ignominie ; des prolétaires qui posent leur candidature à la présidence la République !

Pierre Joseph PROUDHON,
Idée générale de la révolution au XIXe siècle (1851)

MIKHAÏL ALEKSANDROVITCH BAKOUNINE (1814-1876)

Bakounine est né en Russie, dans un milieu aristocratique. Son père veut en faire un militaire et l'envoie à Saint-Pétersbourg où il intègre l'école d'artilleurs. Il en sort diplômé à 18 ans, reste ensuite deux ans dans l'armée mais s'y ennuie profondément et décide de donner sa démission. Attiré par les études, il s'inscrit à l'université de Moscou et suit un cursus de six ans, période féconde en lectures et en enrichissement philosophique, notamment par la fréquentation des textes de Hegel qui vont considérablement l'influencer. À partir de 1840, il voyage beaucoup et s'installe progressivement dans une situation d'exil. Il se rend d'abord à Berlin, Dresde, puis Zurich, Berne et Paris, où il se lie d'amitié avec Proudhon et fait la connaissance de Marx dont il sera plus tard un adversaire, estimant que la dictature du prolétariat ne ferait que remplacer un État par un autre (ce qui ne l'empêchera pas de faire la traduction russe du Manifeste du parti communiste *en 1852). C'est aussi là qu'il commence à participer activement aux mouvements socialistes révolutionnaires, n'hésitant pas à risquer sa vie dans ses combats politiques. Son engagement ne cessera dès lors de lui attirer les foudres du pouvoir. En 1845, après la publication d'articles d'opposition au tsar, Bakounine est déchu de sa nationalité ainsi que de ses titres de noblesse par les autorités russes, ses biens sont également confisqués. Sa participation à l'insurrection de Dresde en 1849 lui vaut une condamnation à mort qui sera toutefois commuée en détention à vie. Remis à la police tsariste, il est jeté en prison et, six ans plus tard, envoyé en Sibérie. En 1861, il parvient à s'enfuir et gagne Londres où il retrouve d'anciens compagnons de lutte. Toujours attentif à la situation servile de ses compatriotes slaves, il développe à partir de ce moment des conceptions nettement anarchistes qui signent une radicalisation de sa pensée.*

Ce court passage de Dieu et l'État *nous permet de nous faire une idée de ses principes :*

« Nous repoussons toute législation, toute autorité et toute influence, privilégiée, patentée, officielle et légale, même sortie du suffrage universel, convaincus qu'elle ne pourrait jamais tourner qu'au profit d'une minorité dominante et exploitante, contre les intérêts de l'immense majorité asservie. Voilà dans quel sens nous sommes réellement des anarchistes. »

Tiré du même ouvrage, le texte dont nous proposons ici un extrait est plus particulièrement dirigé contre les religions et s'attaque notamment au christianisme, accusé par Bakounine d'accomplir l'asservissement de l'humanité.

Toutes les religions, avec leurs dieux, leurs demi-dieux, et leurs prophètes, leurs messies et leurs saints, ont été créées par la fantaisie crédule des hommes, non encore arrivés au plein développement et à la pleine possession de leurs facultés intellectuelles ; en conséquence de quoi le ciel religieux n'est autre chose qu'un mirage où l'homme, exalté par l'ignorance et la foi, retrouve sa propre image, mais agrandie et renversée, c'est-à-dire divinisée. L'histoire des religions, celle de la naissance, de la grandeur et de la décadence des dieux qui se sont succédé dans la croyance humaine, n'est donc rien que le développement de l'intelligence et de la conscience collective des hommes. À mesure que, dans leur marche historiquement progressive, ils découvraient, soit en eux-mêmes, soit dans la nature extérieure, une force, une qualité ou même un grand défaut quelconques, ils les attribuaient à leurs dieux, après les avoir exagérés, élargis outre mesure, comme le font ordinairement les enfants, par un acte de leur fantaisie religieuse. Grâce à cette modestie et à cette pieuse générosité des hommes croyants et crédules, le ciel s'est enrichi des dépouilles de la terre, et, par une conséquence nécessaire, plus le ciel devenait riche et plus l'humanité, plus la terre, devenaient misérables. Une fois la divinité installée, elle fut naturellement proclamée la cause, la raison, l'arbitre et le dispensateur absolu de toutes choses : le monde ne fut plus rien, elle fut tout ; et l'homme, son vrai créateur, après l'avoir tirée du néant à son insu, s'agenouilla devant elle, l'adora et se proclama sa créature et son esclave.

Le christianisme est précisément la religion par excellence parce qu'il expose et manifeste, dans sa plénitude, la nature, la propre essence de tout système religieux, qui est l'appauvrissement, l'asservissement et l'anéantissement de l'humanité au profit de la Divinité. Dieu étant tout, le monde réel et l'homme ne sont rien. Dieu étant la vérité, la justice, le bien, le beau, la puissance et la vie ; l'homme est le mensonge, l'iniquité, le mal, la laideur, l'impuissance et la mort. Dieu étant le maître, l'homme est l'esclave. Incapable de trouver par lui-même la justice, la vérité et la vie éternelle, il ne peut y arriver qu'au moyen d'une révélation divine. Mais qui dit révélation, dit révélateurs, messies, prophètes, prêtres et législateurs inspirés par Dieu même ; et ceux-là une fois reconnus comme les représentants de la Divinité sur la terre, comme les saints instituteurs de l'humanité, élus par Dieu même pour la diriger dans la voie du salut, ils doivent nécessairement exercer un pouvoir absolu. Tous les hommes leur doivent une obéissance illimitée et passive, car contre la Raison divine il n'y a point de raison humaine, et contre la Justice de Dieu il n'y a point de justice terrestre qui tienne. Esclaves de Dieu, les hommes doivent l'être aussi de l'Église et de l'État en tant que ce dernier est consacré par l'Église. Voilà ce que, de toutes les religions qui existent ou qui ont existé, le christianisme a mieux compris que les autres, sans excepter même les antiques religions orientales, qui d'ailleurs n'ont embrassé que des peuples distincts et privilégiés, tandis que le christianisme a la prétention d'embrasser l'humanité tout entière ; et voilà ce que, de toutes les sectes chrétiennes, le catholicisme romain a seul proclamé et réalisé avec une conséquence rigoureuse. C'est pourquoi le christianisme est la religion absolue, la dernière religion ; et pourquoi l'Église apostolique et romaine est la seule conséquente, légitime et divine. N'en déplaise donc aux métaphysiciens et aux idéalistes religieux, philosophes, politiciens ou poètes : l'idée de Dieu implique l'abdication de la raison et de la justice humaines, elle est la négation la plus décisive de l'humaine liberté et aboutit nécessairement à l'esclavage des hommes, tant en théorie qu'en pratique.

À moins donc de vouloir l'esclavage et l'avilissement des hommes, comme le veulent les jésuites, comme le veulent les momiers, les piétistes ou les méthodistes protestants, nous ne pouvons, nous ne devons faire la moindre concession ni au Dieu de la théologie ni à celui de la métaphysique. Car dans cet alphabet mystique, qui commence par dire : « A devra fatalement finir par dire Z », qui veut adorer Dieu doit, sans se faire de puériles illusions, renoncer bravement à sa liberté et à son humanité. Si Dieu est, l'homme est esclave ; or l'homme peut, doit être libre, donc Dieu n'existe pas. Je défie qui que ce soit de sortir de ce cercle ; et maintenant, qu'on choisisse.

Mikhaïl Aleksandrovitch BAKOUNINE,
Dieu et l'État (posthume, 1882)

Paul Lafargue
(1842-1911)

Avant de se consacrer totalement à l'action politique, Lafargue commence par suivre des études de médecine à Paris, mais son engagement précoce dans les mouvements socialistes et contestataires lui vaut une exclusion à vie de toutes les facultés de France, l'empêchant ainsi de mener son cursus à terme (lorsqu'il était carabin, il écrivait dans un journal révolutionnaire et participa au premier Congrès international étudiant en 1865). Après cette mésaventure, il choisit l'exil et gagne Londres où il fait la connaissance de Marx dont il devient le gendre en 1868. Définitivement gagné au socialisme, il entre dans la Ire Internationale, participe aux événements de la Commune, puis doit chercher refuge en Espagne où il collabore à la fondation d'un parti ouvrier. En 1880, profitant de l'apaisement des purges anti-communardes, il revient en France et crée le premier parti marxiste du pays avec Jules Guesde dont l'influence sera déterminante pour la naissance de la S.F.I.O. [1]*. Cependant, son activisme politique continue à lui attirer des ennuis puisqu'il est incarcéré à deux reprises, en 1883 et 1891. C'est d'ailleurs depuis sa cellule de Sainte-Pélagie qu'il rédige l'avant-propos de son fameux pamphlet,* Le droit à la paresse, *dans lequel il fustige la transformation du travail en asservissement et son exploitation outrancière par le système capitaliste responsable de la paupérisation de la classe ouvrière.*

---

1. Section française de l'Internationale ouvrière, désignation du Parti socialiste français de 1905 à 1971.

M. Thiers[1], dans le sein de la Commission sur l'instruction primaire de 1849, disait : « Je veux rendre toute-puissante l'influence du clergé, parce que je compte sur lui pour propager cette bonne philosophie qui apprend à l'homme qu'il est ici-bas pour souffrir et non cette autre philosophie qui dit au contraire à l'homme : "Jouis." » M. Thiers formulait la morale de la classe bourgeoise dont il incarna l'égoïsme féroce et l'intelligence étroite.

La bourgeoisie, alors qu'elle luttait contre la noblesse, soutenue par le clergé, arbora le libre examen et l'athéisme ; mais, triomphante, elle changea de ton et d'allure ; et, aujourd'hui, elle entend étayer de la religion sa suprématie économique et politique. Aux XVe et XVIe siècles, elle avait allégrement repris la tradition païenne et glorifiait la chair et ses passions, réprouvées par le christianisme ; de nos jours, gorgée de biens et de jouissances, elle renie les enseignements de ses penseurs, les Rabelais, les Diderot, et prêche l'abstinence aux salariés. La morale capitaliste, piteuse parodie de la morale chrétienne, frappe d'anathème la chair du travailleur ; elle prend pour idéal de réduire le producteur au plus petit minimum de besoins, de supprimer ses joies et ses passions et de le condamner au rôle de machine délivrant du travail sans trêve ni merci.

Les socialistes révolutionnaires ont à recommencer le combat qu'ont combattu les philosophes et les pamphlétaires de la bourgeoisie ; ils ont à monter à l'assaut de la morale et des théories sociales du capitalisme ; ils ont à démolir, dans les têtes de la classe appelées à l'action, les préjugés semés par la classe régnante ; ils ont à proclamer, à la face des cafards de toutes les morales, que la terre cessera d'être la vallée de larmes du travailleur ; que, dans la société communiste de l'avenir que nous fonderons « pacifiquement si possible, sinon violemment », les passions des hommes auront la bride sur le cou : car « toutes sont bonnes de leur nature, nous n'avons rien à éviter que leur mauvais usage et leurs excès », et ils ne seront évités

1. Ministre, puis député, puis premier président de la Troisième République de 1871 à 1873.

que par leur mutuel contre-balancement, que par le développement harmonique de l'organisme humain, car, dit le Dr Beddoe, « ce n'est que lorsqu'une race atteint son maximum de développement physique qu'elle atteint son plus haut point d'énergie et de vigueur morale ». Telle était aussi l'opinion du grand naturaliste, Charles Darwin.

Prison de Sainte-Pélagie, 1883.

Paul LAFARGUE,
Le droit à la paresse (1880)

EUGÈNE POTTIER
(1816-1887)

Eugène Pottier est aussi l'auteur des paroles de L'Internationale *(1871) qui fut d'abord un poème composé en pleine période de répression de la Commune de Paris avant de devenir l'hymne politique que l'on connaît bien, encore aujourd'hui. Dans cette chanson, Pottier trace les grandes lignes d'un projet de société visant l'égalité de tous. Cela ne peut visiblement passer que par la révolution, « un 93 ouvrier » nous dit la fin du texte ; en référence à 1793 qui a été l'année de la mort de Louis XVI, de la deuxième Constitution, mais aussi des tribunaux révolutionnaires et du Comité de salut public installant la Terreur. Toutefois, dans l'esprit de Pottier, 1793 reste marquée par la confiscation de la Révolution par la bourgeoisie. La chanson n'a donc rien d'une douce ritournelle mais préconise la lutte et l'insurrection, voire les attentats, recommande aux opprimés de fraterniser en abolissant les frontières et exhorte tous les travailleurs à se réapproprier les richesses dont le capitalisme les a privés.*

Ni Dieu ni maître
Nous ne voulons ni Dieu ni maître
Entravant notre liberté,
Mais nous voulons voir apparaître
Le soleil de l'égalité.
Pendant que le peuple sommeille,
Le canon vient de retentir,
Mais l'insurgé se réveille
Et sa bombe est prête à partir.

Refrain :
Debout, frères de misère !
Debout et plus de frontières !
Révoltons-nous contre les affameurs !

Pour écraser la bourgeoisie,
Et supprimer la tyrannie,
Il faut avoir du cœur,
Il faut avoir du cœur,
De l'énergie !

Ceux qui possèdent la richesse,
En ce monde pour nous fatal,
Ont seuls le droit à la paresse
En détournant le capital.
Grâce à la valeur monétaire,
Le travail se voit accablé,
Lève-toi donc prolétaire,
Et reprends ce qu'on t'a volé !

Pour les vampires de la patrie,
Nous sacrifions notre bonheur.
Propageant cette idolâtrie,
Ils voudraient pourrir notre cœur.
Serons-nous toujours les victimes
Des dirigeants, des vils coquins ?
Non, non. Arrêtons tous ces crimes
Par la mort des chefs assassins !

Allons debout Jacques Bonhomme,
Lève ton front plein de sueur ;
À toi, qui fus bête de somme,
À toi le prix de ton labeur !
Vieux révolté que rien n'effraie,
Pour te faire un sort plus heureux,
De tes champs arrache l'ivraie
Fauche les épis orgueilleux !

À bas les revenants de Coblence,
Les Pandores, les Prétoriens !
À bas cette criminelle engeance
De fusilleurs de Flamidiens !
Sur tous les fauteurs de carnage,
Frappe encor, frappe, justicier ;

Car seul finira l'ouvrage
Un quatre-vingt-treize ouvrier !

Ni Dieu ni maître (1884),
paroles d'Eugène POTTIER

ÉMILE ZOLA
(1840-1902)

Treizième ouvrage de la série des Rougon-Macquart, Germinal *est le roman politique et social par excellence. Très documenté et imprégné de l'expérience de journaliste de Zola, il permet de saisir toute l'âpreté de la condition ouvrière de la fin du* XIX*e siècle et en particulier, de la vie quotidienne des mineurs. On voit par ailleurs s'y dessiner l'influence progressive du marxisme et des thèses révolutionnaires. Ce passage est un extrait de la quatrième partie : les mineurs sont en grève depuis plusieurs jours, leur salaire a été baissé sous prétexte d'une réorganisation du paiement et un accident a fait des morts et des blessés dans l'une des fosses. Le moment est crucial pour Étienne Lantier, l'un des meneurs du mouvement, il s'agit à la fois de mobiliser les hommes pour continuer la grève mais surtout, de les convaincre d'adhérer en masse à l'Internationale afin de constituer une vraie force d'opposition à la bourgeoisie. Le jeune haveur est alors confronté à Rasseneur, un cabaretier jaloux de son influence et qui prône l'apaisement alors que Lantier ne jure désormais que par la révolte.*

Souvarine, un anarchiste russe, assiste à leur querelle et déploie une vision pour le moins extrême. Il ne croit en effet qu'à une posture radicale et violente où la terre sera « lavée par le sang et purifiée par l'incendie ».

Souvarine fumait de son air doux, assis devant la table. Après avoir marché un instant en silence, Étienne se soulageait longuement. Était-ce sa faute, si on lâchait ce gros fainéant pour venir à lui ? Et il se défendait d'avoir recherché la popularité, il ne savait pas même comment tout cela s'était fait, la bonne amitié du coron, la confiance des mineurs, le pouvoir qu'il avait sur eux, à cette heure. Il s'indignait qu'on l'accusât de vouloir pousser au gâchis par ambition, il tapait sur sa poitrine, en protestant de sa fraternité.

Brusquement, il s'arrêta devant Souvarine, il cria :

— Vois-tu, si je savais coûter une goutte de sang à un ami, je filerais tout de suite en Amérique !

Le machineur haussa les épaules, et un sourire amincit de nouveau ses lèvres.

— Oh ! Du sang, murmura-t-il, qu'est-ce que ça fait ? La terre en a besoin.

Étienne, se calmant, prit une chaise et s'accouda de l'autre côté de la table. Cette face blonde, dont les yeux rêveurs s'ensauvageaient parfois d'une clarté rouge, l'inquiétait, exerçait sur sa volonté une action singulière. Sans que le camarade parlât, conquis par ce silence même, il se sentait absorbé peu à peu.

— Voyons, demanda-t-il, que ferais-tu à ma place ? N'ai-je pas raison de vouloir agir ?... Le mieux, n'est-ce pas ? C'est de nous mettre dans cette Association.

Souvarine, après avoir soufflé lentement un jet de fumée, répondit par son mot favori :

— Oui, des bêtises ! Mais, en attendant, c'est toujours ça... D'ailleurs, leur Internationale va marcher bientôt. Il s'en occupe.

— Qui donc ?

— Lui !

Il avait prononcé ce mot à demi-voix, d'un air de ferveur religieuse, en jetant un regard vers l'Orient. C'était du maître qu'il parlait, de Bakounine l'exterminateur.

— Lui seul peut donner le coup de massue, continua-t-il, tandis que tes savants sont des lâches, avec leur évolution... Avant trois ans, l'Internationale, sous ses ordres, doit écraser le vieux monde.

Étienne tendait les oreilles, très attentif. Il brûlait de s'instruire, de comprendre ce culte de la destruction, sur lequel le machineur ne lâchait que de rares paroles obscures, comme s'il eût gardé pour lui les mystères.

— Mais enfin explique-moi... Quel est votre but ?

— Tout détruire... Plus de nations, plus de gouvernements, plus de propriété, plus de Dieu ni de culte.

— J'entends bien. Seulement, à quoi ça vous mène-t-il ?

— À la commune primitive et sans forme, à un monde nouveau, au recommencement de tout.

— Et les moyens d'exécution ? Comment comptez-vous vous y prendre ?

— Par le feu, par le poison, par le poignard. Le brigand est le vrai héros, le vengeur populaire, le révolutionnaire en action, sans phrases puisées dans les livres. Il faut qu'une série d'effroyables attentats épouvantent les puissants et réveillent le peuple.

En parlant, Souvarine devenait terrible. Une extase le soulevait sur sa chaise, une flamme mystique sortait de ses yeux pâles, et ses mains délicates étreignaient le bord de la table, à la briser. Saisi de peur, l'autre le regardait, songeait aux histoires dont il avait reçu la vague confidence, des mines chargées sous les palais du tsar, des chefs de la police abattus à coups de couteau ainsi que des sangliers, une maîtresse à lui, la seule femme qu'il eût aimée, pendue à Moscou, un matin de pluie, pendant que, dans la foule, il la baisait des yeux une dernière fois.

— Non ! Non ! murmura Étienne, avec un grand geste qui écartait ces abominables visions, nous n'en sommes pas encore là, chez nous. L'assassinat, l'incendie, jamais ! C'est monstrueux, c'est injuste, tous les camarades se lèveraient pour étrangler le coupable !

Et puis, il ne comprenait toujours pas, sa race se refusait au rêve sombre de cette extermination du monde, fauché comme un champ de seigle, à ras de terre. Ensuite, que ferait-on, comment repousseraient les peuples ? Il exigeait une réponse.

— Dis-moi ton programme. Nous voulons savoir où nous allons, nous autres.

Alors, Souvarine conclut paisiblement, avec son regard noyé et perdu :

— Tous les raisonnements sur l'avenir sont criminels, parce qu'ils empêchent la destruction pure et entravent la marche de la révolution.

Cela fit rire Étienne, malgré le froid que la réponse lui avait soufflé sur la chair. Du reste, il confessait volontiers qu'il y avait du bon dans ces idées, dont l'effrayante simplicité l'attirait. Seulement, ce serait donner la partie trop belle à Rasseneur, si l'on en contait de pareilles aux camarades. Il s'agissait d'être pratique.

La veuve Désir leur proposa de déjeuner. Ils acceptèrent, ils passèrent dans la salle du cabaret, qu'une cloison mobile séparait du bal, pendant la semaine. Lorsqu'ils eurent fini leur omelette et leur fromage, le machineur voulut partir ; et, comme l'autre le retenait :

— À quoi bon ? Pour vous entendre dire des bêtises inutiles !... J'en ai assez vu. Bonsoir !

Il s'en alla de son air doux et obstiné, une cigarette aux lèvres.

Émile Zola,
Germinal (1885)

Élisée Reclus
(1830-1905)

*Issu d'une famille protestante (son père était pasteur), Élisée Reclus a d'abord suivi des études de théologie qu'il délaisse ensuite pour une formation de géographe. C'est elle qui lui donnera le goût des voyages et des langues étrangères. Son hostilité publique au coup d'État de 1851 le conduit à l'exil. Il part une première fois en Angleterre puis aux États-Unis où il découvre la condition des esclaves, ce qui contribue à nourrir ses idées politiques. Très actif lors de la Commune de Paris, il est arrêté et condamné à la déportation mais de nombreux soutiens issus de la communauté scientifique parviennent à faire commuer sa peine en dix ans de bannissement. Ami de Bakounine et de Kropotkine, il a participé à plusieurs journaux de tendance anarchiste (*Le Cri du peuple, Le Révolté, L'Insurgé*) parallèlement à ses travaux géographiques. Dans la lettre qui suit, Reclus s'en prend au vote qu'il assimile à une abdication. Il avance principalement quatre arguments :*

— Voter, c'est se choisir un maître.
— C'est permettre à certains hommes de se sentir au-dessus des lois puisque ce sont les élus qui les font.
— C'est succomber à l'illusion d'une omniscience des politiciens.
— Enfin, c'est oublier que les promesses électorales n'engagent que ceux qui les écoutent.

Clarens, Vau, le 26 septembre 1885

Compagnons,

Vous demandez à un homme de bonne volonté, qui n'est ni votant ni candidat, de vous exposer quelles sont ses idées sur l'exercice du droit de suffrage.

Le délai que vous m'accordez est bien court, mais ayant, au sujet du vote électoral, des convictions bien nettes, ce que j'ai à vous dire peut se formuler en quelques mots.

Voter, c'est abdiquer ; nommer un ou plusieurs maîtres pour une période courte ou longue, c'est renoncer à sa propre souveraineté. Qu'il devienne monarque absolu, prince constitutionnel ou simplement mandataire muni d'une petite part de royauté, le candidat que vous portez au trône ou au fauteuil sera votre supérieur. Vous nommez des hommes qui sont au-dessus des lois, puisqu'ils se chargent de les rédiger et que leur mission est de vous faire obéir.

Voter, c'est être dupe ; c'est croire que des hommes comme vous acquerront soudain, au tintement d'une sonnette, la vertu de tout savoir et de tout comprendre. Vos mandataires ayant à légiférer sur toutes choses, des allumettes aux vaisseaux de guerre, de l'échenillage des arbres à l'extermination des peuplades rouges ou noires, il vous semble que leur intelligence grandisse en raison même de l'immensité de la tâche. L'histoire vous enseigne que le contraire a lieu. Le pouvoir a toujours affolé, le parlotage a toujours abêti. Dans les assemblées souveraines, la médiocrité prévaut fatalement.

Voter, c'est évoquer la trahison. Sans doute, les votants croient à l'honnêteté de ceux auxquels ils accordent leurs suffrages – et peut-être ont-ils raison le premier jour, quand les candidats sont encore dans la ferveur du premier amour. Mais chaque jour a son lendemain. Dès que le milieu change, l'homme change avec lui. Aujourd'hui, le candidat s'incline devant vous, et peut-être trop bas ; demain, il se redressera et peut-être trop haut. Il mendiait les votes, il vous donnera des ordres. L'ouvrier, devenu contremaître, peut-il rester ce qu'il était avant d'avoir obtenu la faveur du patron ? Le fougueux démocrate n'apprend-il pas à courber l'échine quand le banquier daigne l'inviter à son bureau, quand les valets des rois lui font l'honneur de l'entretenir dans les antichambres ? L'atmosphère de ces corps législatifs est malsaine à respirer, vous envoyez vos mandataires dans un milieu de corruption ; ne vous étonnez pas s'ils en sortent corrompus.

N'abdiquez donc pas, ne remettez donc pas vos destinées à des hommes forcément incapables et à des traîtres futurs. Ne votez pas ! Au lieu de confier vos intérêts à d'autres, défendez-les vous-mêmes ; au lieu de prendre des avocats pour proposer un mode d'action futur, agissez ! Les occasions ne manquent pas aux hommes de bon vouloir. Rejeter sur les autres la responsabilité de sa conduite, c'est manquer de vaillance.

Je vous salue de tout cœur, compagnons.

Élisée RECLUS,
Lettre adressée à Jean Grave[1]
(in *Le Révolté*, 11 octobre 1885)

1. Jean Grave était un activiste anarchiste, diffusant notamment ses idées par le biais de son journal *Les Temps nouveaux*.

FRIEDRICH NIETZSCHE
(1844-1900)

Philologue[1] *de formation, Nietzsche se révèle exceptionnellement brillant au cours de ses études et obtient un poste de professeur à l'université de Bâle en 1869, alors même qu'il n'a pas encore tous les titres nécessaires pour enseigner. En 1872, la publication de son premier ouvrage (*La naissance de la tragédie*) lui vaut l'hostilité du milieu universitaire tout en lui assurant une certaine notoriété. Sa production philosophique est par la suite extrêmement riche, mais son style poétique, aphoristique et en rupture avec les formes classiques de la pensée organisée en système rend son écriture parfois difficile à décrypter. Ses thèmes de prédilection gravitent aussi bien autour de l'esthétique, la morale, l'Histoire, la religion, que la critique de la métaphysique ou la politique. Souvent incompris en son temps, il a été par ailleurs victime d'une récupération par les idéologues nazis, notamment à travers le thème du surhomme qui n'a pourtant rien à voir avec le fantasme de l'*Übermensch *né du délire des barbares du III*e *Reich. Ni antisémite ni nationaliste, Nietzsche doit donc être dédouané de toute collusion avec eux, laquelle serait d'ailleurs anachronique.*

Ainsi parlait Zarathoustra *est un livre d'une grande densité et se présente comme une sorte d'Évangile profane annonçant la venue du surhomme. Il s'agit d'une figure métaphorique que l'on peut considérer comme étant le symbole du dépassement de soi vers une forme de liberté et d'auto-affirmation débarrassée du poids de la mort de Dieu et de la morale chrétienne, capable également de transcender les valeurs morbides qui affaiblissent la vie.*

Dans cet extrait dont le titre est sans ambiguïté (nous adorons l'État comme on le ferait avec une divinité de substitution), Nietzsche montre que ce cadre politique asservissant

1. La philologie est une des branches de l'étude des langues englobant à la fois de la linguistique, de l'histoire et de l'herméneutique. Cette discipline s'efforce de saisir l'esprit d'un peuple à partir des textes légués par la tradition.

implique la mort des peuples et selon lui, pour que le surhomme commence, alors c'est l'État qui doit finir.

De la nouvelle idole

Il y a quelque part encore des peuples et des troupeaux, mais ce n'est pas chez nous, mes frères : chez nous il y a des États.

État ? Qu'est-ce, cela ? Allons ! Ouvrez les oreilles, je vais vous parler de la mort des peuples.

L'État, c'est le plus froid de tous les monstres froids : il ment froidement et voici le mensonge qui rampe de sa bouche : « Moi, l'État, je suis le Peuple. » C'est un mensonge ! Ils étaient des créateurs, ceux qui créèrent les peuples et qui suspendirent au-dessus des peuples une foi et un amour : ainsi ils servaient la vie.

Ce sont des destructeurs, ceux qui tendent des pièges au grand nombre et qui appellent cela un État : ils suspendent au-dessus d'eux un glaive et cent appétits. Partout où il y a encore du peuple, il ne comprend pas l'État et il le déteste comme le mauvais œil et une dérogation aux coutumes et aux lois. Je vous donne ce signe : chaque peuple a son langage du bien et du mal : son voisin ne le comprend pas. Il s'est inventé ce langage pour ses coutumes et ses lois. Mais l'État ment dans toutes ses langues du bien et du mal ; et, dans tout ce qu'il dit, il ment – et tout ce qu'il a, il l'a volé.

Tout en lui est faux ; il mord avec des dents volées, le hargneux. Même ses entrailles sont falsifiées. Une confusion des langues du bien et du mal – je vous donne ce signe, comme le signe de l'État. En vérité, c'est la volonté de la mort qu'indique ce signe, il appelle les prédicateurs de la mort ! Beaucoup trop d'hommes viennent au monde : l'État a été inventé pour ceux qui sont superflus ! Voyez donc comme il les attire, les superflus ! Comme il les enlace, comme il les mâche et les remâche. « Il n'y a rien de plus grand que moi sur la terre : je suis le doigt ordonnateur de Dieu » – ainsi hurle le monstre. Et ce ne sont pas seulement ceux qui ont de longues oreilles et la vue basse qui tombent à genoux ! Hélas, en vous aussi, ô grandes âmes, il mur-

mure ses sombres mensonges. Hélas, il devine les cœurs riches qui aiment à se répandre ! Certes, il vous devine, vous aussi, vainqueurs du Dieu ancien ! Le combat vous a fatigués et maintenant votre fatigue se met au service de la nouvelle idole ! Elle voudrait placer autour d'elle des héros et des hommes honorables, la nouvelle idole ! Il aime à se chauffer au soleil de la bonne conscience – le froid monstre ! Elle veut tout vous donner, si vous l'adorez, la nouvelle idole : ainsi elle s'achète l'éclat de votre vertu et le fier regard de vos yeux.

Vous devez lui servir d'appât pour les superflus ! Oui, c'est l'invention d'un tour infernal, d'un coursier de la mort, cliquetant dans la parure des honneurs divins ! Oui, c'est l'invention d'une mort pour le grand nombre, une mort qui se vante d'être la vie, une servitude selon le cœur de tous les prédicateurs de la mort ! L'État est partout où tous absorbent des poisons, les bons et les mauvais : l'État, où tous se perdent eux-mêmes, les bons et les mauvais : l'État, où le lent suicide de tous s'appelle – « la vie ».

[...]

Là où finit l'État, là seulement commence l'homme qui n'est pas superflu : là commence le chant de la nécessité, la mélodie unique, la nulle autre pareille.

Là où finit l'État – regardez donc, mes frères ! Ne voyez-vous pas l'arc-en-ciel et le pont du Surhomme ?

Friedrich NIETZSCHE,
Ainsi parlait Zarathoustra (1883-1885)
traduction de l'allemand de Henri ALBERT

ANONYME

Le Père Duchesne *était le titre d'un journal créé en 1790 par Jacques René Hébert pendant la Révolution française. Très virulent dans ses colonnes, il réclama par exemple ouvertement la mort de Louis XVI et n'hésita pas à recommander à la Convention d'être plus répressive. En 1889, l'anarchiste Émile Pouget s'en inspire pour fonder son propre journal :* Le Père peinard.

Cette chanson, dont on ignore l'auteur, eut un grand succès populaire, Ravachol la chanta lorsqu'on le conduisit à l'échafaud. Clairement blasphématoire (« nom de Dieu » ou « sang Dieu » est répété trente-sept fois), elle dénonce pêle-mêle les illusions de la religion, cet « opium du peuple » comme l'écrivait Marx, l'exploitation et la misère, les profiteurs et les institutions. Violente et provocatrice, elle incite par ailleurs sans vergogne à la sédition et à la révolte brutale contre l'ordre établi.

Né en nonante-deux Nom de Dieu
Mon nom est père Duchesne
Né en nonante-deux Nom de Dieu
Mon nom est père Duchesne
Marat fut un soyeux Nom de Dieu
À qui lui porte haine Sang Dieu
Je veux parler sans gêne Nom de Dieu

Coquins filous peureux Nom de Dieu
Vous m'appelez canaille...
Dès que j'ouvre les yeux Nom de Dieu
Jusqu'au soir je travaille Sang Dieu
Et je couch' sur la paille Nom de Dieu...

On nous promet les cieux Nom de Dieu
Pour toute récompense...
Tandis que ces messieurs Nom de Dieu

S'arrondissent la panse Sang Dieu
Nous crevons d'abstinence Nom de Dieu...

Quand ils t'appellent gueux Nom de Dieu
Sus à leur équipage...
Un pied sur le moyeu Nom de Dieu
Pour venger cet outrage Sang Dieu
Crache-leur au visage Nom de Dieu...

Si tu veux être heureux Nom de Dieu
Pends ton propriétaire...
Coupe les curés en deux Nom de Dieu
Fous les églises par terre Sang Dieu
Et l'bon Dieu dans la merde Nom de Dieu...

Peuple trop oublieux Nom de Dieu
Si jamais tu te lèves...
Ne sois pas généreux Nom de Dieu
Patrons bourgeois et prêtres Sang Dieu
Méritent la lanterne Nom de Dieu...

(*Strophes modernes ajoutées plus tardivement*)

Si tu veux vivre mieux Nom de Dieu
Pends ton parlementaire...
Et tous les fonctionnaires Nom de Dieu
Qui renvoient aux frontières Sang Dieu
Et tous les fonctionnaires Nom de Dieu
Qui renvoient aux frontières

Si tu veux être heureux Nom de Dieu
Abolis les frontières...
Coup' les fascistes en deux Nom de Dieu
Apprends à vivre en frère Sang Dieu
Sur une seule terre Nom de Dieu...

Compagnons levons-nous Nom de Dieu
Contre la loi raciste...
Ensemble nous pouvons Nom de Dieu

Faire échec au fascisme Sang Dieu
Gare à vous les ministres Nom de Dieu...

Le père Duchesne (1892),
Anonyme

François Claudius Kœnigstein, dit Ravachol
(1859-1892)

Issu d'un milieu pauvre, Ravachol a été très tôt confronté à la misère. Ouvrier teinturier à 16 ans, il occupe ensuite différents emplois dans la région stéphanoise et doit consacrer l'essentiel de son maigre salaire à subvenir aux besoins de sa famille abandonnée par le père. Révolté contre l'injustice sociale, il commence à forger ses positions politiques au contact de mouvements syndicaux et collectivistes ainsi qu'en participant à des émeutes. Plusieurs fois renvoyé des établissements où il travaille, pour fait de grèves ou désobéissance, ses idées subversives le conduisent tout naturellement vers l'anarchie dont il devient un militant convaincu. Son engagement se double toutefois d'actions criminelles qu'il justifie comme la réponse légitime aux inégalités dont il se dit victime. Voleur et assassin (on lui impute un double meurtre dont les motifs sont crapuleux), il échappe à la police venue l'arrêter en 1891. Vivant alors dans la clandestinité, il se radicalise, apprend à fabriquer des bombes et fait exploser les domiciles de deux magistrats responsables de la condamnation à mort de militants anarchistes qui avaient ouvert le feu sur des policiers. Finalement capturé en 1892, on le condamne aux travaux forcés à perpétuité pour ses attentats et, lors d'un second procès, à la peine capitale pour les deux assassinats commis avant sa fuite. Il est guillotiné le 11 juillet 1892 et n'a pas le temps de finir de crier « Vive la révolution ! » que le couperet tombe sur son cou. La mort de Ravachol est suivie par une vague d'attentats dont le plus célèbre est celui d'Auguste Vaillant au Palais-Bourbon en 1893. Le pouvoir prend peur et devant la crainte d'une situation insurrectionnelle, fait voter des lois d'exception (appelées « lois scélérates » par les anarchistes et l'opposition socialiste) réduisant les libertés et muselant la presse. Le texte qui suit est un extrait du discours que Ravachol a tenu lors de son procès. D'inculpé, l'anarchiste devient procureur et montre que ce n'est pas lui qui devrait être sur le banc des accusés mais la société tout entière qui contraint les miséreux à enfreindre les lois.

Si je prends la parole, ce n'est pas pour me défendre des actes dont on m'accuse, car seule la société, qui par son organisation met les hommes en lutte continuelle les uns contre les autres, est responsable. En effet, ne voit-on pas aujourd'hui dans toutes les classes et dans toutes les fonctions des personnes qui désirent, je ne dirai pas la mort, parce que cela sonne mal à l'oreille, mais le malheur de leurs semblables, si cela peut leur procurer des avantages ? Exemple : un patron ne fait-il pas des vœux pour voir un concurrent disparaître ; tous les commerçants en général ne voudraient-ils pas, et cela réciproquement, être seuls à jouir des avantages que peut rapporter ce genre d'occupations ? L'ouvrier sans emploi ne souhaite-t-il pas, pour obtenir du travail, que pour un motif quelconque celui qui est occupé soit rejeté de l'atelier ? Eh bien, dans une société où de pareils faits se produisent on n'a pas à être surpris des actes dans le genre de ceux qu'on me reproche, qui ne sont que la conséquence logique de la lutte pour l'existence que se font les hommes qui, pour vivre, sont obligés d'employer toute espèce de moyen. Et, puisque chacun est pour soi, celui qui est dans la nécessité n'en est-il pas réduit à penser :

« Eh bien, puisqu'il en est ainsi, je n'ai pas à hésiter, lorsque j'ai faim, à employer les moyens qui sont à ma disposition, au risque de faire des victimes ! Les patrons, lorsqu'ils renvoient des ouvriers, s'inquiètent-ils s'ils vont mourir de faim ? Tous ceux qui ont du superflu s'occupent-ils s'il y a des gens qui manquent des choses nécessaires ? »

[...]

Et toutes ces choses se passent au milieu de l'abondance de toutes espèces de produits. On comprendrait que cela ait lieu dans un pays où les produits sont rares, où il y a la famine. Mais en France, où règne l'abondance, où les boucheries sont bondées de viande, les boulangeries de pains, où les vêtements, la chaussure sont entassés dans les magasins, où il y a des logements inoccupés ! Comment admettre que tout est bien dans la société, quand le contraire se voit d'une façon aussi claire ? Il y a bien des gens qui plaindront toutes ces victimes, mais qui vous diront qu'ils n'y peuvent rien. Que chacun se débrouille comme il peut ! Que peut-il faire celui qui manque du nécessaire en travaillant, s'il vient à chômer ? Il n'a qu'à se laisser mourir de faim. Alors on jettera quelques paroles de pitié sur son cadavre. C'est ce que j'ai voulu laisser à d'autres. J'ai préféré me faire contrebandier, faux-monnayeur, voleur, meurtrier et assassin. J'aurais pu mendier : c'est dégradant et lâche et même puni par vos lois qui font un délit de la misère. Si tous les nécessiteux, au lieu d'attendre, prenaient où il y a et par n'importe quel moyen, les satisfaits comprendraient peut-être plus vite qu'il y a danger à vouloir consacrer l'état social actuel, où l'inquiétude est permanente et la vie menacée à chaque instant.

On finira sans doute plus vite par comprendre que les anarchistes ont raison lorsqu'ils disent que pour avoir la tranquillité morale et physique, il faut détruire les causes qui engendrent les crimes et les criminels : ce n'est pas en supprimant celui qui, plutôt que de mourir d'une mort lente par suite de privations qu'il a eu et aurait à supporter, sans espoir de les voir finir, préfère, s'il a un peu d'énergie, prendre violemment ce qui peut lui assurer le bien-être, même au risque de sa mort qui ne peut être qu'un terme à ses souffrances.

Voilà pourquoi j'ai commis les actes que l'on me reproche et qui ne sont que la conséquence logique de l'état barbare d'une société qui ne fait qu'augmenter le nombre de ses victimes par la rigueur de ses lois qui sévissent contre les effets sans jamais toucher aux causes ; on dit qu'il faut être cruel pour donner la mort à son semblable, mais ceux qui parlent ainsi ne voient pas qu'on ne s'y résout que pour l'éviter soi-même.

[...]

Jugez-moi, messieurs les jurés, mais si vous m'avez compris, en me jugeant jugez tous les malheureux dont la misère, alliée à la fierté naturelle, a fait des criminels, et dont la richesse, dont l'aisance même aurait fait des honnêtes gens !

Une société intelligente en aurait fait des gens comme tout le monde !

Déclaration de Ravachol, lors de son procès, en juin 1892. Publiée dans *La Révolte* n° 40 (juillet 1892) et reprise dans divers journaux anarchistes de l'époque.

Oskar Panizza
(1853-1921)

Médecin de formation, Panizza a exercé la psychiatrie à l'asile d'aliénés de Haute-Bavière. Cette expérience l'amena à jeter sur l'institution asilaire un regard très critique et éminemment en avance sur son temps. Il s'efforça en particulier de démontrer que la maladie mentale ne doit pas être exclusivement rapportée à un dysfonctionnement cérébral, mais qu'il faut également rechercher une causalité sociale déterminant aussi la construction de la pathologie. En 1895, il connaît ses premiers déboires judiciaires à la suite de la publication d'une pièce de théâtre qui déclenche un scandale : Le concile d'amour. *Dieu y est mis en scène en vieillard sénile qui décide de punir les hommes de leur luxure en leur envoyant la syphilis. Dans cette pièce sacrilège, toutes les grandes figures chrétiennes sont tournées en ridicule, Jésus est dépeint comme un demeuré et la Vierge, sous les traits d'une femme frivole qui n'est pas insensible au charme de Satan. Le texte est saisi par la police et Panizza condamné à un an de prison. À partir de ce moment, sa vie n'est plus qu'une suite d'exils et de périodes d'enfermement. Accusé de crime de lèse-majesté pour avoir insulté l'empereur dans* Parisjana, *un recueil de poèmes de 1899, ses biens sont confisqués. Sa santé mentale, alors défaillante, compte tenu des persécutions dont il est victime, ne fait que se détériorer. En 1904, il est hospitalisé et déclaré fou par la justice qui décide de le mettre sous tutelle en confirmant ainsi, dans un paradoxe tragique, ce qu'il avait tenté de démontrer en tant qu'aliéniste. Lors de l'expertise psychiatrique, l'un des médecins dira de lui : « Celui qui insulte l'empereur et la patrie en dépit d'une bonne éducation ne peut être qu'un fou. »*

L'immaculée conception des papes *est l'un de ses premiers textes. Faisant preuve d'une redoutable ironie, Panizza tourne le conclave en dérision et fait du Vatican la terre de l'hypocrisie.*

Le conclave où le pape est élu par quelque soixante-dix cardinaux est une institution humaine, avec toutes ses tares et toutes ses irrégularités. Le Saint-Esprit ferait-il un si long détour, attendrait-il la réunion d'un conclave pour inspirer soixante-dix dignitaires qui ont peut-être mal dîné ou mal dormi, dont quelques-uns sont récalcitrants et se laissent guider par des considérations temporelles, pour porter son choix sur celui qui est déjà l'Oint du Seigneur ? Ou alors lui faudrait-il accepter l'homme imposé par ces plaisantins cardinaux ? N'est-il pas plus plausible, plus acceptable pour notre esprit, plus agréable pour nos cœurs, de supposer que le Saint-Esprit a choisi le futur pape de toute éternité (comme Dieu la Vierge Marie) et déposé le germe divin, comme les abeilles le font pour leur reine, dans une cellule spéciale, dans le corps d'une femme, dans le corps d'une servante de Dieu particulièrement pieuse ? Car il faut bien que le pape soit mis au monde ?

Quitte par la suite à éliminer son père. Ainsi dès le premier instant de son existence, on aurait rendu possible le développement de Celui qui est appelé à représenter le Christ. Pour nous du moins, nous pensons que le choix préétabli de « l'enfant papal », du germe papal, est plus naturel, plus conséquent, plus en harmonie avec la doctrine chrétienne que le choix fait par une assemblée de joyeux et roublards cardinaux, se jouant ainsi criminellement du Saint-Esprit. Sans doute bien des papes sont-ils devenus des papes grâce à la corruption. Mais il n'y a pas là contradiction, grands dieux non ! C'est que les papes en question se trouvaient alors aveuglés, leur nature humaine ayant momentanément pris le dessus. Et c'est bien en vain qu'ils avaient distribué de l'argent. Preuve : la plupart d'entre eux, après leur élection, ne payaient pas le prix stipulé, car entre-temps ils avaient eu la divine illumination, ils s'étaient rendu compte que l'argent ne jouait aucun rôle et que de toute façon ils devaient devenir papes.

Oskar Panizza,
L'immaculée conception des papes (1894)

Octave Mirbeau
(1848-1917)

Romancier, auteur de théâtre et journaliste, Mirbeau a également été critique d'art. Il connaît un grand succès littéraire, notamment avec la publication de deux romans : Le jardin des supplices, *en 1899, et* Le journal d'une femme de chambre, *en 1900. Engagé politiquement, il est sympathisant anarchiste à partir de 1890 et témoigne dans ses articles de convictions nettement anticléricales, libertaires, farouchement égalitaristes et antimilitaristes (il a combattu pendant la guerre désastreuse de 1870 et garde de cette période un souvenir traumatisant). Au moment où éclate l'affaire Dreyfus, en 1894, on le retrouve tout naturellement au côté des défenseurs du capitaine ignominieusement déchu.*

D'une ironie grinçante, le texte que nous présentons ici tourne en dérision le fameux « devoir civique ». L'électeur y est dépeint comme une créature servile et irrationnelle, masochiste au point de tendre le fouet pour recevoir des coups à chaque fois qu'il se laisse piéger par la mauvaise plaisanterie du suffrage universel. S'il savait tirer des leçons de l'Histoire et faire preuve d'un soupçon de clairvoyance, jamais plus l'homme sensé n'oserait se rendre aux urnes et resterait chez lui en déclinant tous les rendez-vous qu'on dit « citoyens » pour mieux masquer l'escroquerie sur laquelle ils se fondent.

Une chose qui m'étonne prodigieusement – j'oserai dire qu'elle me stupéfie – c'est qu'à l'heure scientifique où j'écris, après les innombrables expériences, après les scandales journaliers, il puisse exister encore dans notre chère France (comme ils disent à la Commission du budget) un électeur, un seul électeur, cet animal irrationnel, inorganique, hallucinant, qui consente à se déranger de ses affaires, de ses rêves ou de ses plaisirs, pour voter en faveur de quelqu'un ou de quelque chose. Quand on réfléchit un seul instant, ce surprenant phénomène n'est-il pas fait pour dérouter les philosophies les plus subtiles et confondre la raison ?

Où est-il le Balzac qui nous donnera la physiologie de l'électeur moderne ? Et le Charcot qui nous expliquera l'anatomie et les mentalités de cet incurable dément ? Nous l'attendons.

Je comprends qu'un escroc trouve toujours des actionnaires, la Censure des défenseurs, l'Opéra-Comique des dilettanti, *Le Constitutionnel* des abonnés, M. Carnot des peintres qui célèbrent sa triomphale et rigide entrée dans une cité languedocienne ; je comprends M. Chantavoine s'obstinant à chercher des rimes ; je comprends tout. Mais qu'un député, ou un sénateur, ou un président de République, ou n'importe lequel parmi tous les étranges farceurs qui réclament une fonction élective, quelle qu'elle soit, trouve un électeur, c'est-à-dire l'être irrêvé, le martyr improbable, qui vous nourrit de son pain, vous vêt de sa laine, vous engraisse de sa chair, vous enrichit de son argent, avec la seule perspective de recevoir, en échange de ces prodigalités, des coups de trique sur la nuque, des coups de pied au derrière, quand ce n'est pas des coups de fusil dans la poitrine, en vérité, cela dépasse les notions déjà pas mal pessimistes que je m'étais faites jusqu'ici de la sottise humaine, en général, et de la sottise française en particulier, notre chère et immortelle sottise, ô Chauvin !

[...]

Voilà pourtant de longs siècles que le monde dure, que les sociétés se déroulent et se succèdent, pareilles les unes aux autres, qu'un fait unique domine toutes les histoires : la protection aux grands, l'écrasement aux petits. Il ne peut arriver à comprendre qu'il n'a qu'une raison d'être historique, c'est de payer pour un tas de choses dont il ne jouira jamais, et de mourir pour des combinaisons politiques qui ne le regardent point.

Que lui importe que ce soit Pierre ou Jean qui lui demande son argent et qui lui prenne la vie, puisqu'il est obligé de se dépouiller de l'un, et de donner l'autre ? Eh bien ! Non. Entre ses voleurs et ses bourreaux, il a des préférences, et il vote pour les plus rapaces et les plus féroces. Il a voté hier, il votera demain, il votera toujours. Les moutons vont à l'abattoir. Ils ne se disent rien, eux, et ils n'espèrent rien. Mais du moins ils ne votent pas pour le boucher qui les tuera, et pour le bourgeois qui les mangera. Plus bête que les bêtes, plus moutonnier que les moutons, l'électeur nomme son boucher et choisit son bourgeois. Il a fait des révolutions pour conquérir ce droit.

Ô bon électeur, inexprimable imbécile, pauvre hère, si, au lieu de te laisser prendre aux rengaines absurdes que te débitent chaque matin, pour un sou, les journaux grands ou petits, bleus ou noirs, blancs ou rouges, et qui sont payés pour avoir ta peau ; si, au lieu de croire aux chimériques flatteries dont on caresse ta vanité, dont on entoure ta lamentable souveraineté en guenilles, si, au lieu de t'arrêter, éternel badaud, devant les lourdes duperies des programmes ; si tu lisais parfois, au coin du feu, Schopenhauer et Max Nordeau, deux philosophes qui en savent long sur tes maîtres et sur toi, peut-être apprendrais-tu des choses étonnantes et utiles. Peut-être aussi, après les avoir lus, serais-tu moins empressé à revêtir ton air grave et ta belle redingote, à courir ensuite vers les urnes homicides où, quelque nom que tu mettes, tu mets d'avance le nom de ton plus mortel ennemi. Ils te diraient, en connaisseurs d'humanité, que la politique est un abominable mensonge, que tout y est à l'envers du bon sens, de la justice et du droit, et que tu n'as rien à y voir, toi dont le compte est réglé au grand livre des destinées humaines.

Rêve après cela, si tu veux, des paradis de lumières et de parfums, des fraternités impossibles, des bonheurs irréels. C'est bon de rêver, et cela calme la souffrance. Mais ne mêle jamais l'homme à ton rêve, car là où est l'homme, là est la douleur, la haine et le meurtre. Surtout, souviens-toi que l'homme qui sollicite tes suffrages est, de ce fait, un malhonnête homme, parce qu'en échange de la situation et de la fortune où tu le pousses, il te promet un tas de choses merveilleuses qu'il ne te donnera pas et qu'il n'est pas d'ailleurs en son pouvoir de te donner. L'homme que tu élèves ne représente ni ta misère, ni tes aspirations, ni rien de toi ; il ne représente que ses propres passions et ses propres intérêts, lesquels sont contraires aux tiens. Pour te réconforter et ranimer des espérances qui seraient vite déçues, ne va pas t'imaginer que le spectacle navrant auquel tu assistes aujourd'hui est particulier à une époque ou à un régime, et que cela passera. Toutes les époques se valent, et aussi tous les régimes, c'est-à-dire qu'ils ne valent rien. Donc, rentre chez toi, bonhomme, et fais la grève du suffrage universel. Tu n'as rien à y perdre, je t'en réponds ; et cela pourra t'amuser quelque temps. Sur le seuil de ta porte, fermée aux quémandeurs d'aumônes politiques, tu regarderas défiler la bagarre, en fumant silencieusement ta pipe.

Et s'il existe, en un endroit ignoré, un honnête homme capable de te gouverner et de t'aimer, ne le regrette pas. Il serait trop jaloux de sa dignité pour se mêler à la lutte fangeuse des partis, trop fier pour tenir de toi un mandat que tu n'accordes jamais qu'à l'audace cynique, à l'insulte et au mensonge.

Je te l'ai dit, bonhomme, rentre chez toi et fais la grève.

Octave MIRBEAU,
La grève des électeurs (1898)

Librio

812

Composition PCA – 44400 Rezé
Achevé d'imprimer en France par Aubin
en mars 2008 pour le compte de E.J.L.
87, quai Panhard-et-Levassor, 75013 Paris
Dépôt légal mars 2008
1er dépôt légal dans la collection : septembre 2007
EAN 9782290002094

Diffusion France et étranger : Flammarion